ATTENTION :

Chaque partie – bailleur, locataire(s) et caution(s) – doit disposer d'un exemplaire original de ce livret !

Vous pouvez commander des exemplaires supplémentaires de ce livret sur Amazon®

Dossier « Contrat de Location Meublée» à signer

Sommaire :

Informations utiles « Avant de signer le contrat de location » :

1) Demande de pièces justificatives au locataire et au garant :

DEMANDE DE PIÈCES JUSTIFICATIVES AU LOCATAIRE :

La **liste des pièces justificatives exigibles est fixée par la loi ALUR**.

Pour tous ces documents, il est possible de fournir une copie du document, mais le propriétaire peut demander la présentation des originaux. Le document doit être rédigé ou traduit en français, et les montants inscrits convertis en euros.

Documents exigibles auprès du futur locataire

Pièce d'identité :

Le bailleur a le droit d'exiger **1 pièce d'identité en cours de validité** parmi les documents suivants :

- ✓ Carte d'identité française ou étrangère (avec photographie)
- ✓ Ou passeport français ou étranger (avec photographie)
- ✓ Ou permis de conduire français ou étranger (avec photographie)
- ✓ Ou carte de séjour temporaire
- ✓ Ou carte de résident
- ✓ Ou carte de ressortissant d'un Etat membre de l'UE ou de l'EEE

Justificatif de domicile :

Le bailleur **a le droit d'exiger 1 justificatif** parmi les documents suivants :

- ✓ 3 dernières quittances de loyer ou, à défaut, une attestation du précédent propriétaire (ou de son mandataire) indiquant que le locataire est à jour de ses loyers et charges
- ✓ Ou attestation sur l'honneur de l'hébergeur indiquant que le candidat à la location réside à son domicile
- ✓ Ou attestation d'élection de domicile
- ✓ Ou dernier avis de taxe foncière ou, à défaut, titre de propriété de la résidence principale

Justificatif de ressources :

Le bailleur **a le droit d'exiger 1 ou plusieurs documents** parmi les documents suivants :

- ✓ 3 derniers bulletins de salaire
- ✓ Justificatif de versement des indemnités de stage
- ✓ 2 derniers bilans comptables ou, à défaut, attestation des ressources pour l'exercice en cours délivrés par un comptable (non-salariés)
- ✓ Justificatif de versement des indemnités, retraites, pensions, prestations sociales et familiales et allocations perçues lors des 3 derniers mois ou justificatif de l'ouverture des droits établis par l'organisme payeur
- ✓ Titre de propriété d'un bien immobilier ou dernier avis de taxe foncière
- ✓ Avis d'attribution de bourse (étudiant boursier)
- ✓ Justificatif de revenus fonciers, de rentes viagères ou de revenus de valeurs et capitaux mobiliers
- ✓ Attestation de simulation pour les aides au logement établie par la CAF ou par la CMSA, ou par le locataire
- ✓ Dernier ou avant-dernier avis d'imposition ou de non-imposition

Service gouvernemental permettant aux bailleurs de contrôler l'authenticité des avis d'imposition :
https://cfsmsp.impots.gouv.fr/secavis/

Justificatif de situation professionnelle :

Le bailleur **a le droit d'exiger 1 ou plusieurs justificatifs** parmi les documents suivants :

- ✓ Contrat de travail ou de stage ou, à défaut, attestation de l'employeur précisant l'emploi et la rémunération proposée, la date d'entrée en fonction envisagée et, si nécessaire, la durée de la période d'essai
- ✓ Carte d'étudiant ou certificat de scolarité pour l'année en cours
- ✓ Copie de la carte professionnelle (profession libérale)
- ✓ Copie du certificat d'identification de l'INSEE comportant les numéros d'identification (travailleur indépendant)
- ✓ Extrait D1 original du registre des métiers de moins de 3 mois (artisan)
- ✓ Extrait K ou K bis du registre du commerce et des sociétés, datant de moins de 3 mois (entreprises commerciales)
- ✓ Toute pièce récente attestant de l'activité professionnelle (autres cas)

Documents exigibles auprès du futur garant

Documents relatifs à l'identité :

Pour un **garant personne physique**, le bailleur a le droit d'exiger **1 pièce d'identité en cours de validité** parmi les documents suivants :

- ✓ Carte d'identité française ou étrangère (avec photographie)
- ✓ Ou passeport français ou étranger (avec photographie)
- ✓ Ou permis de conduire français ou étranger (avec photographie)

Pour un **garant personne morale**, le bailleur a le droit d'exiger **les 2 documents suivants :**

- ✓ Extrait K bis original de moins de 3 mois de la société ou les statuts ou toute autre pièce justifiant de l'existence légale de la personne morale, faisant apparaître le nom du responsable et l'adresse de l'organisme ainsi que la preuve qu'une déclaration a été effectuée auprès de l'administration, une juridiction ou un organisme professionnel.
- ✓ Justificatif d'identité du représentant de la personne morale figurant sur l'extrait K bis ou les statuts.

Justificatif de domicile :

Le bailleur **a le droit d'exiger 1 justificatif** parmi les documents suivants :

- ✓ Dernière quittance de loyer
- ✓ Ou facture d'eau, de gaz ou d'électricité de moins de 3 mois
- ✓ Ou attestation d'assurance logement de moins de 3 mois
- ✓ Ou dernier avis de taxe foncière ou, à défaut, titre de propriété de la résidence principale

Justificatif de situation professionnelle :

Le bailleur **a le droit d'exiger 1 ou plusieurs justificatifs** parmi les documents suivants :

- ✓ Contrat de travail ou de stage ou, à défaut, attestation de l'employeur précisant l'emploi et la rémunération proposée, la date d'entrée en fonction envisagée et, si nécessaire, la durée de la période d'essai
- ✓ Copie de la carte professionnelle (profession libérale)
- ✓ Copie du certificat d'identification de l'INSEE comportant les numéros d'identification (travailleur indépendant)
- ✓ Extrait D1 original du registre des métiers de moins de 3 mois (artisan)
- ✓ Extrait K ou K bis du registre du commerce et des sociétés, datant de moins de 3 mois (entreprises commerciales)
- ✓ Toute pièce récente attestant de l'activité professionnelle (autres cas)

Justificatif de ressources :

Le bailleur **a le droit d'exiger 1 ou plusieurs documents** parmi les documents suivants :

- ✓ 3 derniers bulletins de salaire
- ✓ 2 derniers bilans comptables ou, à défaut, attestation des ressources pour l'exercice en cours délivrés par un comptable (non-salariés)
- ✓ Justificatif de versement des indemnités, retraites, pensions, prestations sociales et familiales et allocations perçues lors des 3 derniers mois ou justificatif de l'ouverture des droits établis par l'organisme payeur
- ✓ Titre de propriété d'un bien immobilier ou dernier avis de taxe foncière
- ✓ Justificatif de revenus fonciers, de rentes viagères ou de revenus de valeurs et capitaux mobiliers
- ✓ Dernier avis d'imposition ou de non-imposition

2) Garanties loyer impayé :

La Garantie Visale:

LA GARANTIE VISALE

La garantie VISALE est une **garantie d'État gratuite** (via Action Logement), couvrant :

- ✓ Les **loyers et charges locatives impayés**
- ✓ Les **dégradations locatives**

Elle vise à rassurer les bailleurs et renforcer le dossier de certains candidats au profil précaire.

Sont éligibles à cette garantie les locataires

- ✓ **De moins de 30 ans** *(jusqu'au 31ème anniversaire)* **:**
  Quelle que soit leur situation professionnelle
- ✓ **De plus de 30 ans**, lorsqu'ils sont salariés d'une entreprise du secteur privé ou agricole *(ou titulaires d'une promesse d'embauche)* et que la demande de garantie VISALE intervient :
  - Dans les **6 mois suivant leur prise de fonction** (hors CDI confirmé, les CDI doivent donc être en période d'essai)
  - Dans les **6 mois suivant leur mutation** *(changement de lieu de travail)*
- ✓ **Dans le cas d'un bail mobilité**, quel que soit l'âge du locataire, tant que le locataire est éligible au bail mobilité *(étudiant, salarié en mission temporaire ou formation professionnelle, etc.)*

Le locataire devra alors **créer son dossier de garantie VISALE sur internet**, et à la suite de la validation de son dossier, fournir au bailleur son **visa** certifié par Action Logement, attestant de son éligibilité.

Ce document informe le bailleur sur les étapes à suivre une fois le visa du locataire en main, et indique notamment :

- Le **numéro unique du visa** du locataire qui sera demandé au bailleur au moment de la demande de cautionnement
- Les coordonnées du locataire
- Le montant maximum du loyer pouvant figurer au bail
- La date de validité du visa
- La date limite de signature du bail

ATTENTION : Cette caution doit être délivrée **au plus tard le jour de la signature du bail**.
Aucune caution ne pourra être délivrée si le bail a déjà été signé.

Par ailleurs, le bail devra obligatoirement comporter une **clause résolutoire** prévoyant la résiliation de plein droit du contrat de location pour défaut de paiement du loyer ou des charges aux termes convenus.

Couverture des loyers et charges locatives impayés

Pour être éligible, le loyer sera **plafonné** à :

- **1.500€/mois à Paris**
- **1.300€/mois sur le reste du territoire**

Ce loyer ne doit également **pas dépasser 50% des revenus du ménage locataire**.

- ✓ Les **loyers et charges locatives** seront couverts pendant **toute la durée d'occupation de ce logement (RENOUVELLEMENT DE BAIL INCLUS)** jusqu'à un maximum de **36 mois d'impayés**.
- ✓ Le dépôt de garantie n'est pas couvert par cette garantie.

Couverture des dégradations du logement
Les éventuelles dégradations locatives sont prises en charge **dans la limite du montant de 2 mois de loyer CC**.
En cas d'impayés ou de dégradations, cet organisme d'état dédommagera le bailleur, et se retournera par la suite contre le locataire.

Le garant (également appelé caution) :

LE GARANT (Également appelé caution)
À ne pas confondre avec le « dépôt de garantie », parfois également appelé à tort caution, qui est la somme laissée par le locataire à la signature du bail pour couvrir les risques d'impayés ou de dégradations. Le garant, ou caution, correspond à la **personne (physique ou morale) qui s'engage à régler les dettes du locataire en cas d'impayés, ou de dégradations, jusqu'à la fin du bail.** La présence d'un garant n'est pas obligatoire, mais permet d'améliorer les chances d'acceptation de candidature du locataire par le bailleur. Ce cautionnement doit se faire par écrit, avec la signature d'un **acte de caution solidaire** en annexe du bail de location, par le **bailleur, et le garant.**
La présence d'un lien familial entre locataire et garant n'est pas obligatoire, il pourra donc s'agir de n'importe qui, d'un ami ou même d'un organisme de cautionnement (ce service est d'ailleurs proposé aux locataires étudiants par certains CROUS). Il est possible de demander plusieurs garants.
Le bailleur sera susceptible de demander des preuves aux garant(s) concernant leur solvabilité. (Pièce d'identité, de domicile, de statut professionnel et de ressources) En cas de doutes concernant leur solvabilité, il lui sera possible de refuser de les prendre comme garants.
Dans le cadre d'une caution solidaire, le bailleur pourra faire appel au garant dès le 1er impayé de loyer, sans passer par le locataire, y compris si le locataire peut mais ne veut pas régler sa dette.

Les Assurances loyer impayé :

LES ASSURANCES LOYER IMPAYÉ
Il s'agit généralement **d'assurances privées payantes** souscrites afin de couvrir d'éventuels cas de **loyers impayés** et/ou de **dégradations** (selon le contrat souscrit). Elles peuvent permettre d'améliorer le profil d'un candidat locataire. Exemple d'assurance loyer impayé à souscrire par le locataire à ses frais : **Cautioneo** (avec un coût d'environ 3,5% du loyer)

3) Souscription à une assurance habitation par le locataire :

SOUSCRIPTION À UNE ASSURANCE HABITATION PAR LE LOCATAIRE

Les locataires ont **l'obligation de souscrire à une assurance habitation** auprès de la compagnie d'assurance de leur choix. Cette assurance sert à les couvrir contre les risques locatifs (principalement dégâts des eaux, incendie, explosion).

Le locataire justifiera obligatoirement de cette assurance (en fournissant une **attestation d'assurance**) :

- ✓ Lors de la signature du bail
- ✓ À chaque renouvellement du contrat de bail
- ✓ Chaque année, à la demande du bailleur

Si le locataire **n'est pas en mesure de transmettre de justificatif de souscription d'assurance** lors de la signature initiale du contrat de bail, lors du renouvellement de bail, ou en cours de bail lorsque le bailleur lui en fait la demande, ce dernier pourra choisir :

- ✓ De **résilier le contrat de bail**
- ✓ Ou de **souscrire une assurance** à la place du locataire

Souscription de l'assurance pour le compte du locataire

Le bailleur pourra récupérer le **montant total de la prime d'assurance annuelle** souscrite par ses soins, à laquelle il pourra appliquer une **majoration de 10% max**, par 1/12ème chaque mois au moment du paiement du loyer.

Le montant ainsi récupéré devra être mentionné sur :

- ✓ L'avis d'échéance
- ✓ La quittance remise au locataire

Si le locataire quitte le logement avant l'échéance du contrat d'assurance, le bailleur :

- ✓ Doit résilier le contrat
- ✓ Et peut récupérer la fraction de prime exigible auprès du locataire

Le locataire pourra toujours mettre fin à l'assurance souscrite par le bailleur en s'assurant lui-même.

4) Encaissement du dépôt de garantie :

L'ENCAISSEMENT DU DÉPÔT DE GARANTIE :

Le dépôt de garantie est une **somme que le bailleur pourra exiger du locataire** dès la **signature du bail**, pour couvrir ses éventuels **impayés ou dégradations futures**.

Son montant maximal sera de :

- ✓ **1 mois de loyer Hors charges en location nue**
- ✓ **2 mois de loyer Hors charges en location meublée**

Ce montant devra être inscrit sur le bail, et ne pourra pas faire l'objet de révision en cours de bail ou lors de son renouvellement *(même si le montant du loyer Hors Charges lui, aura changé).*

Modalités de versement du dépôt de garantie
Le dépôt de garantie sera versé au bailleur au moment de la signature du bail, directement par le **locataire**, ou par l'intermédiaire d'un **tiers** (Action logement ou FSL – Fonds de Solidarité pour le Logement) Ce versement pourra se faire : ✓ Par virement ✓ Par chèque ✓ En espèce – le bailleur aura alors l'obligation de délivrer un reçu au locataire.
Quelle que soit la forme du versement, cette somme sera **encaissée par le bailleur**, qui pourra alors l'utiliser à sa guise, la dépenser ou l'investir, sans avoir à reverser d'intérêt au locataire. *(Sa seule obligation étant d'être capable de restituer cette somme en fin de bail si le locataire a respecté ses obligations).* Dans le cadre d'un règlement par chèque, il n'est donc **pas question comme le souhaitent certains locataires de « ne pas l'encaisser et de rendre le chèque si tout se passe bien en fin de bail »** *(la durée de validité d'un chèque étant d'ailleurs de 1 an et 8 jours, elle est souvent inférieure à celle du bail ce qui veut dire que le chèque ne serait plus encaissable en cas de soucis).*

5) Quels signataires pour le bail ?

Signataires du bail
Couple de locataires mariés : Qu'il soit conclu avant ou après le mariage, le bail **engagera les 2 époux dès lors que l'un d'eux l'aura signé** *(une seule signature aura le même effet que s'ils avaient tous deux signé).* Ils sont dits « Cotitulaires » du bail de location de leur logement et auront tous deux les mêmes droits et obligations vis-à-vis du bailleur. ✓ Ils seront **responsables solidairement** vis-à-vis du règlement du bail. *(si l'un d'eux ne règle pas le loyer, le bailleur pourra donc le réclamer à l'autre)* ✓ Cette solidarité persiste même si l'un des 2 époux a demandé congé et ne vit pas ou plus dans le bien. ✓ Il sera nécessaire d'avoir une **demande de congé de la part des 2 époux** pour que le congé soit valable *(sinon l'époux qui n'a pas fait de demande est considéré comme étant toujours locataire).* ✓ De même le bailleur s'adressera à chaque fois aux 2 époux, que ce soit pour une révision du loyer ou pour leur donner congé. Seul un jugement de divorce pourra mettre fin à cette cotitularité et cette responsabilité solidaire, à condition que les locataires aient informé le bailleur de ce divorce.
Couple de locataires Pacsés : Contrairement aux époux mariés, la cotitularité des personnes Pacsées n'est pas automatique : ✓ **Si les deux personnes signent le bail :** Elles seront **cotitulaires** du bail et **responsables solidairement** vis-à-vis du règlement des loyers, de la même façon qu'un couple marié. ✓ **Si une seule personne signe le bail :** Seule la **personne signataire sera titulaire du bail** (et aura par exemple le pouvoir de donner congé), le bailleur ne s'adressera en tant que bailleur qu'à cette personne. Malgré cela, les **2 personnes restent responsables solidairement** vis-à-vis du règlement des loyers !

Couple de locataires ni mariés ni Pacsés :

Ce sont 2 personnes non liées légalement, comme pourraient l'être 2 colocataires.

- ✓ **Si les deux signent le bail :**
  Ils sont tous deux **cotitulaires** du bail, et soumis aux règles classiques des colocataires.
  Il sera possible d'**inclure ou non une clause de solidarité**.

- ✓ **Si une seule personne signe le bail :**
  Seule la **personne signataire sera titulaire du bail** (et aura par exemple le pouvoir de donner congé, le bailleur ne s'adressera en tant que bailleur qu'à cette personne).
  L'autre personne sera considérée comme une **personne hébergée par le locataire**, et n'aura **ni droits ni obligations** (notamment de règlement d'un quelconque loyer) vis-à-vis du bailleur.

En cas de mariage, les locataires devront prévenir le bailleur, car leurs droits et obligations pourraient être impactés.

6) Modalités de règlement du loyer :

RÈGLEMENT DU LOYER :

Le locataire doit payer le **loyer charges comprises** (Loyer Hors Charges + Charges locatives + éventuel complément de loyer dans les villes à loyer encadré) à la **date précisée dans le bail**.

Le loyer pourra être réglé **en espèce, par chèque, par virement ou par prélèvement**.

Un règlement par **virement automatique mensuel sera généralement privilégié.**
Le bailleur pourra donc prévoir de fournir son Relevé d'Identité Bancaire au locataire le jour de la signature du bail.

Obligation de règlement du loyer :

- ✓ Le locataire doit continuer à régler son loyer même si le bailleur n'effectue pas des travaux normalement à sa charge *(ne pas régler son loyer n'est pas un moyen légal pour le locataire d'obtenir du bailleur qu'il réponde à ses obligations)*
- ✓ Le dépôt de garantie versé par le locataire en début de location ne l'autorise pas à ne pas payer le ou les derniers mois de loyer
- ✓ Si le locataire paie à plusieurs reprises son loyer en retard, le bailleur est en droit de ne pas renouveler le bail pour motif légitime et sérieux
- ✓ Le non-paiement ou le paiement partiel du loyer et des charges peut être une cause de résiliation du bail et d'expulsion, sauf s'il résulte du non-versement des aides au logement pour cause de logement non décent.

En cas de congé avec préavis

En cas de départ décidé par le locataire :

Le locataire reste **tenu au paiement du loyer et des charges pendant toute la période de préavis**.
Sauf si, avec accord du bailleur, le logement est occupé par un nouveau locataire avant la fin du préavis.

En cas de préavis donné par le bailleur :

Le locataire n'est **redevable du loyer et des charges que pour la période pendant laquelle il a réellement occupé les lieux** pendant le délai de préavis.

CONTRAT DE LOCATION/COLOCATION DE LOGEMENT MEUBLÉ :

Respectant le modèle-type établi par la loi ALUR

Dans les conditions du titre Ier bis de la loi N° 89-462 du 6 juillet 1989, modifiée par la loi N° 2014-366 du 24 Mars 2014, et conforme au décret n° 2015-587 du 29 Mai 2015 et à la loi N° 2018-1021 du 23 Novembre 2018 (loi ELAN).

Ce contrat de location est applicable pour toutes les locations et colocations de logement meublé constituant la résidence principale du ou des locataires, à l'exclusion :

- ✓ Des colocations à baux multiples
- ✓ Des locations de logement appartenant à un organisme d'habitation à loyer modéré et faisant l'objet d'une convention passée en application de l'article L.351-2 du code de la construction et de l'habitation

1. DÉSIGNATION DES PARTIES :

Le présent contrat est conclu entre les soussignés :

✓ Nom et prénom, ou dénomination du bailleur : ....

....

✓ Domicile ou siège social du bailleur : ....

....

✓ Qualité du bailleur :

☐ Personne physique

☐ Personne morale : N° SIREN : ....

✓ Dans le cas d'une société (personne morale), préciser s'il s'agit d'une SCI familiale constituée exclusivement entre parents et alliés jusqu'au 4ème degré inclus :

☐ Oui

☐ Non

✓ Numéro de téléphone du bailleur (facultatif) : ....

✓ Adresse email du bailleur (facultatif) : ....

Désigné(s) ci-après le bailleur ;

Le cas échéant, représenté par le mandataire :

✓ Nom et prénom, ou raison sociale du mandataire : ....

....

✓ Adresse du mandataire : ....

✓ Activité exercée par le mandataire : ....

✓ Le cas échéant, numéro et lieu de délivrance de la carte professionnelle : ....

....

✓ Nom et adresse du garant : ....

- ✓ Nom et Prénom du locataire : ....

- ✓ En cas de de locataires/colocataires supplémentaires, Nom et Prénom des autres locataires/colocataires :

  ....

  ....

- ✓ Numéro de téléphone du/des locataire(s) / colocataires *(facultatif)* :

  ....

  ....

- ✓ Adresse email du/des locataire(s) / colocataires *(facultatif) :*

  ....

  ....

Désigné(s) ci-après le locataire

Il a été arrêté et convenu ce qui suit :

2. <u>OBJET DU CONTRAT :</u>

Le présent contrat a pour objet la location d'un logement ainsi déterminé :

A. <u>Consistance du logement :</u>

- ✓ Adresse du logement : ....
- ✓ Bâtiment / escalier / étage / porte : ....
- ✓ Type d'habitat :
  - ☐ Immeuble collectif
  - ☐ Immeuble individuel
- ✓ Régime juridique de l'immeuble :
  - ☐ Mono propriété
  - ☐ Copropriété
- ✓ Période de construction :
  - ☐ Avant 1949
  - ☐ De 1949 à 1974
  - ☐ De 1975 à 1989
  - ☐ De 1990 à 2005
  - ☐ Depuis 2005
- ✓ Surface habitable : .... m^2
- ✓ Nombre de pièces principales : ....

- ✓ Le cas échéant, autres parties du logement :
  - ☐ Grenier
  - ☐ Comble (aménagé ou non)
  - ☐ Terrasse
  - ☐ Balcon
  - ☐ Loggia
  - ☐ Jardin
  - ☐ Autre : ....

- ✓ Le cas échéant, éléments d'équipements du logement :
  - ☐ Cuisine équipée
  - ☐ Installations sanitaires : ....
  - ☐ Autre : ....

- ✓ Modalité de production de chauffage :
  - ☐ Individuel
  - ☐ Collectif - *dans ce cas préciser les modalités de répartition de la consommation du locataire :*

    ....

- ✓ Modalité de production d'eau chaude sanitaire :
  - ☐ Individuel
  - ☐ Collectif - *dans ce cas préciser les modalités de répartition de la consommation du locataire :*

    ....

B. <u>Destination des locaux :</u>

- ☐ Usage d'habitation
- ☐ Usage mixte professionnel et d'habitation pour l'exercice de la profession suivante :

  ....,
  sous réserve de l'obtention par le locataire des autorisations administratives nécessaires.

C. <u>Le cas échéant, destination des locaux et équipements accessoires de l'immeuble à usage privatif du locataire :</u>

- ☐ Cave / n° : ....
- ☐ Parking / n° : ....
- ☐ Garage / n° : ....
- ☐ Autre(s) : ....

D. <u>Le cas échéant, énumération des locaux, parties, équipements et accessoires de l'immeuble à usage commun :</u>

- ☐ Garage à vélo
- ☐ Ascenseur
- ☐ Espaces verts
- ☐ Aires et équipements de jeux
- ☐ Laverie
- ☐ Local poubelle
- ☐ Gardiennage
- ☐ Autres prestations et services collectifs : ....

E. <u>Le cas échéant, équipement d'accès aux technologies de l'information et de la communication :</u>

- ✓ Modalités de réception de la télévision dans l'immeuble : ....
- ✓ Modalité de raccordement Internet : ....

3. DATE DE PRISE D'EFFET ET DURÉE DU CONTRAT :

La durée du contrat et sa date de prise d'effet sont ainsi définies :

A. Prise d'effet du contrat

Date de prise d'effet du contrat : ...... / ..... / ....

B. Durée du contrat : .... *(minimum 1 an, ou 9 mois si la location est consentie à un étudiant)*

A l'exception des locations consenties à un étudiant pour une durée de neuf mois, les contrats de location de logements meublés sont reconduits tacitement à leur terme pour une durée d'un an et dans les mêmes conditions.
Le locataire peut mettre fin au bail à tout moment, après avoir donné congé.
Le bailleur peut, quant à lui, mettre fin au bail à son échéance et après avoir donné congé, soit pour reprendre le logement en vue de l'occuper lui-même ou une personne de sa famille, soit pour le vendre, soit pour un motif sérieux et légitime.
Les contrats de location meublée consenties à un étudiant pour une durée de 9 mois ne sont pas reconductibles tacitement à leur terme et le locataire peut mettre fin au bail à tout moment, après avoir donné congé. Le bailleur peut, quant à lui, mettre fin au bail à son échéance et après avoir donné congé.

4. CONDITIONS FINANCIÈRES :

Les parties conviennent des conditions financières suivantes :

A. Loyer :

1) Fixation du loyer initial :

a. Montant du loyer mensuel : .... €
Lorsqu'un complément de loyer est appliqué, le loyer mensuel s'entend comme la somme du loyer de base et de ce complément.

b. Le cas échéant, modalités particulières de fixation initiale du loyer applicables dans certaines zones tendues :
Zones d'urbanisation continue de plus de 50.000 habitants où il existe un déséquilibre marqué entre l'offre et la demande de logements, entraînant des difficultés sérieuses d'accès au logement sur l'ensemble du parc résidentiel telles que définies par décret.

✓ Le loyer du logement objet du présent contrat est soumis au décret fixant annuellement le montant maximum d'évolution des loyers à la relocation :

☐ Oui
☐ Non

✓ Le loyer du logement objet du présent contrat est soumis au loyer de référence majoré fixé par arrêté préfectoral

☐ Oui
- Montant du loyer de référence : ....€ / m²
- Montant du loyer de référence majoré : ....€ / m²

☐ Non

- ✓ Le cas échéant, un complément de loyer est prévu :
  - ☐ Oui
    - Montant du loyer de base *:* ....€
      (nécessairement égal au loyer de référence majoré)
    - Montant du complément de loyer : .... €
    - Caractéristiques du logement justifiant le complément de loyer :
      ....
  - ☐ Non

c. <u>Le cas échéant, informations relatives au loyer du dernier locataire :</u>
Obligatoire si le précédent locataire a quitté le logement moins de 18 mois avant la signature du bail.

- ☐ Oui
  - Montant du dernier loyer acquitté par le précédent locataire : .... €
  - Date de versement : .... / .... / ....
  - Date de la dernière révision du loyer : .... / .... / ....
- ☐ Non

2) Le cas échéant, modalités de révision du loyer :

a. Date de révision du loyer annuel : .... €

b. Date ou trimestre de référence de l'indice de Référence du Loyer : ....

B. Charges récupérables :

1) Modalités de règlement des charges récupérables :
   - ☐ Provisions sur charges avec régularisation annuelle
   - ☐ Paiement périodique des charges sans provision
   - ☐ Forfait de charges
2) Montant des provisions sur charges ou, en cas de colocation, du forfait de charges : .... €
3) Si les parties conviennent d'un forfait de charges et de sa révision annuelle, ce forfait est révisé dans les mêmes conditions que le loyer principal.

C. Le cas échéant, en cas de colocation, souscription par le bailleur d'une assurance pour le compte des colocataires :

- ☐ Oui
  - Montant total annuel récupérable au titre de l'assurance pour le compte des colocataires : .... € *(montant de la prime d'assurance annuelle, éventuellement majorée de 10% maximum)*
  - Ce montant est récupérable par douzième, soit .... € par mois.
- ☐ Non

D. Modalités de paiement :

- ✓ Le loyer est payé d'avance, mensuellement et dû avant le .... de chaque mois, à l'adresse :
  - ☐ Du bailleur
  - ☐ Du mandataire

✓ Le montant total dû pour un mois de location est de .... €

(en toutes lettres ....)
détaillé comme suit :

- Loyer : .... €
- Charges récupérables : .... €
- En cas de colocation, assurance récupérable pour le compte des colocataires : .... €

E. <u>Le cas échéant, exclusivement lors d'un renouvellement de contrat, modalités de réévaluation d'un loyer manifestement sous-évalué</u>

Le montant de la hausse de loyer mensuelle est de .... € appliquée :

☐ Par tiers
☐ Par sixième

(Selon la durée du contrat et le montant de la hausse de loyer)

5. <u>TRAVAUX :</u>

A. <u>Le cas échéant, montant et nature des travaux d'amélioration ou de mise en conformité avec les caractéristiques de décence effectués depuis la fin du dernier contrat de location ou depuis le dernier renouvellement :</u>

....

....

Le cas échéant, montant des travaux d'amélioration effectués au cours des 6 derniers mois :

....

B. <u>Le cas échéant, majoration du loyer en cours de bail consécutive à des travaux d'amélioration entrepris par le bailleur</u>

Nature des travaux, modalités d'exécution, délai de réalisation :

....

....

Montant de la majoration de loyer : .... €
(Clause invalide pour les travaux de mise en conformité aux caractéristiques de décence)

C. <u>Le cas échéant, diminution de loyer, en cours de bail consécutive à des travaux entrepris par le locataire :</u>

✓ Nature des travaux, modalités d'exécution, délai de réalisation :

....

....

- ✓ Montant et durée de la diminution du loyer : .... € pendant .... mois.
- ✓ Modalités de dédommagement du locataire sur justification des dépenses effectuées en cas de départ anticipé : ....

....

6. GARANTIES :

Pour la garantie de l'exécution des obligations du locataire, il est prévu un dépôt de garantie d'un montant de .... € (en toutes lettres : ....

....) correspondant à 2 mois de loyer hors charges.

7. CLAUSE DE SOLIDARITÉ :

Pour l'exécution de toutes les obligations du présent contrat en cas de pluralité de locataires, il y aura solidarité et indivisibilité entre eux.

8. CLAUSE RÉSOLUTOIRE :

Il est expressément convenu que la présente location sera résiliée de plein droit sans aucune formalité judiciarie :

- En cas de défaut de paiement au terme convenu du loyer, des provisions de charges, ou de la régularisation annuelle de charge, et 2 mois après un commandement de payer demeuré infructueux.
- En cas de défaut de versement du dépôt de garantie, et 2 mois après un commandement de payer demeuré infructueux.
- En cas de défaut de souscription d'une assurance contre les risques locatifs par le locataire (sauf si le bailleur a souscrit une assurance pour le compte du locataire)
- En cas de trouble de voisinage constaté par une décision de justice.

9. LE CAS ÉCHÉANT, HONORAIRES DE LA LOCATION

Uniquement lorsque le contrat de location est conclu avec le concours d'une personne mandatée et rémunérée à cette fin

A. Dispositions applicables

Il est rappelé les dispositions du I de l'article 5 (I) de la loi du 6 juillet 1989, alinéas 1 à 3 :
la rémunération des personnes mandatées pour se livrer ou prêter leur concours à l'entremise ou la négociation d'une mise en location d'un logement, tel que défini aux articles 2 et 25-3, est à la charge exclusive du bailleur, à l'exception des honoraires liés aux prestations mentionnées aux 2ème et 3ème alinéas du présent I.
Les honoraires des personnes mandatées pour effectuer la visite du preneur, constituer son dossier et rédiger un bail sont partagés entre le bailleur et le preneur.
Le montant toutes taxes comprises imputé au preneur pour ces prestations ne peut excéder celui imputé au bailleur et demeure inférieur ou égal à un plafond par mètre carré de surface habitable de la chose louée fixé par voie règlementaire et révisable chaque année, dans des conditions définies par décret. Ces honoraires sont dus à la signature du bail.
Les honoraires des personnes mandatées pour réaliser un état des lieux sont partagés entre le bailleur et le preneur. Le montant toutes taxes comprises imputé au locataire pour cette prestation ne peut excéder celui imputé au bailleur et demeure ou égale à un plafond par mètre carré de surface habitable de la chose louée fixée par voie règlementaire et révisable chaque année, dans des conditions définies par décret.
Ces honoraires sont dus à compter de la réalisation de la prestation.

Plafonds applicables à ces honoraires :

- Montant du plafond des honoraires imputables aux locataires en matière de prestation de visite du preneur, de constitution de son dossier et de rédaction de bail : .... €/m² de surface habitable ;
- Montant du plafond des honoraires imputables aux locataires en matière d'établissement de l'état des lieux d'entrée : .... €/m² de surface habitable.

B. Détail et répartition des honoraires :

1) Honoraires à la charge du bailleur :

✓ Prestations de visite du preneur, de constitution de son dossier et de rédaction de bail *(indiquez le détail des prestations effectivement réalisées et le montant des honoraires toutes taxes comprises dus à la signature du bail)* : ....

....

✓ Le cas échéant, prestation de réalisation de l'état des lieux d'entrée *(précisez le montant des honoraires toutes taxes comprises dus à compter de la réalisation de la prestation)* :

....

✓ Autres prestations *(précisez le détail des prestations et conditions de rémunération)*

....

2) Honoraires à la charge du locataire :

✓ Prestations de visite du preneur, de constitution de son dossier et de rédaction de bail *(précisez le détail des prestations effectivement réalisées et le montant des honoraires toutes taxes comprises dus à la signature du bail)* : ....

....

✓ Le cas échéant, prestation de réalisation de l'état des lieux d'entrée *(précisez le montant des honoraires toutes taxes comprises dus à compter de la réalisation de la prestation)* :

....

10. AUTRES CONDITIONS PARTICULIÈRES :

....

....

....

....

....

....

....

....

11. ANNEXES

Sont annexées et jointes au contrat de location les pièces suivantes :

- ☐ Le cas échéant, un extrait du règlement concernant la destination de l'immeuble, la jouissance et l'usage des parties privatives et communes et précisant la quote-part afférente au lot loué dans chacune des catégories de charges.
- ☐ Un dossier de diagnostic technique comprenant :
  - Un diagnostic de performance énergétique ;
  - Un constat de risque d'exposition au plomb pour les immeubles construits avant le 1er janvier 1949 ;
  - Le cas échéant, une copie d'un état mentionnant l'absence ou la présence de matériaux ou de produits de la construction contenant de l'amiante ;
  - Le cas échéant, un état de l'installation intérieure d'électricité et de gaz, dont l'objet est d'évaluer les risques pouvant porter atteinte à la sécurité des personnes ;
  - Le cas échéant, un état des risques naturels et technologiques pour les zones couvertes par un plan de prévention des risques technologiques ou par un plan de prévention des risques naturels prévisibles, prescrit ou approuvé, ou dans des zones de sismicité.
- ☐ Une notice d'information relative aux droits et obligations des locataires et des bailleurs.
- ☐ Un état des lieux, un inventaire et un état détaillé du mobilier *(établis lors de la remise des clés, dont la date ne peut être ultérieure à celle de la prise d'effet du contrat).*
- ☐ Le cas échéant, une autorisation préalable de mise en location.
- ☐ Le cas échéant, les références aux loyers habituellement constatés dans le voisinage pour des logements comparables.
- ☐ Le cas échéant, une grille de vétusté sélectionnée parmi celles ayant fait l'objet d'un accord collectif, servant à moduler le prix des réparations locatives auxquelles est tenu le locataire.

Le …../……/……..... à ……………………………………… en …. exemplaires originaux dont un remis à chaque signataire.

Signature du bailleur (ou de son mandataire)
Signature(s) précédée(s) de la mention « lu et approuvé »

Signature du/des locataire(s)
Signature(s) précédée(s) de la mention « lu et approuvé »

Annexe : Grille de Vétusté

En cas de souhait d'application d'une grille de vétusté, indiquer à l'article 10 du contrat de bail (« Autres conditions particulières »):

« Les 2 parties conviennent d'une grille de vétusté jointe au bail, cette grille servira à moduler le prix des réparations locatives auxquelles est tenu le locataire. Cette grille a été choisie parmi les grilles de vétusté ayant fait l'objet d'un accord collectif conclu conformément à l'article 41 ter et à l'article 42 de la loi du 23 décembre 1986».

Abattements pour vétusté applicables en cas d'utilisation anormale ou de dégradation :

Source : Accord collectif de location portant sur le patrimoine locatif des sociétés d'Ile-de-France du groupe 3F

ÉQUIPEMENTS		DURÉE DE VIE	FRANCHISE* (période sans abattement)	% ABATTEMENT PAR ANNÉE**
MUR	Peinture, papier peint	7	1	14%
	Faïence murale	16	4	8%
SOL	Moquette, aiguilleté	7	1	14%
	Revêtement et dalles plastiques	10	1	10%
	Parquet, carrelage, plinthe	15	9	14%
MENUISERIE FERMETURE	Menuiserie extérieure : PVC	15	10	17%
	Menuiserie extérieure : bois, métal	20	10	9%
	Porte intérieure	20	9	8%
	Porte de placard	15	9	14%
	Serrure, quincaillerie / petit matériel électrique	11	4	13%
	Volet, persienne, jalousie : PVC	7	4	25%
	Volet, persienne, jalousie : bois, métal	15	4	8%
	Volant roulant	10	4	14%
	Volant roulant, mécanisme	8	4	20%
PLOMBERIE SANITAIRE	Appareil sanitaire : grès / faïence	20	14	14%
	Appareil sanitaire : inox / tôle	16	9	1.%
	Appareil sanitaire : résine	10	5	17%
	Mobilier stratifié (meubles sous évier)	10	1	10%
	Robinetterie et accessoires	15	4	8%
ÉLECTRICITÉ	Tableau électrique, disjoncteur	15	5	9%
	Appareillage électrique : prise, interphone, etc.	10	4	14%
	Convecteur	11	5	14%
	Bouche de VMC	5	1	20%

* La franchise est la période, variable selon les équipements, pendant laquelle il n'est pas appliqué d'abattement pour vétusté.

** Au-delà des années de franchise.

Le …../……/……..... à ……………………………………… en …. exemplaires originaux dont un remis à chaque signataire.

Signature du bailleur (ou de son mandataire)
Signature(s) précédée(s) de la mention « lu et approuvé »

Signature du/des locataire(s)
Signature(s) précédée(s) de la mention « lu et approuvé »

ACTE DE CAUTION SOLIDAIRE [1er locataire]

Pour location de locaux d'habitation

Pour les bailleurs n'ayant pas souscrit d'assurance garantissant loyer impayé ou toute autre forme de garantie (sauf en cas de location à un étudiant ou un apprenti)
Article 22-1 de la loi 89-462 du 6 juillet 1989.

Je soussigné(e) M/Mme ______________________________ *(Nom Prénom de la caution)*, né(e) le

____ / ____ / ______ à ____________________________, et résidant à l'adresse suivante :

____ *(Adresse, Code postal, Commune)*

déclare me porter caution solidaire de ______________________________ *(Nom Prénom du locataire)* pour les obligations résultant du contrat qui lui a été consenti par le bailleur :

____ *(Nom Prénom du bailleur) résidant au*

____ *(Adresse, Code postal, Commune)*, pour la

location du logement situé au ____

______________________________ *(Adresse du logement loué, Code postal, Commune).*

J'ai pris connaissance du montant du loyer de ______________________________ euros *(montant du loyer en toutes lettres)* par ____________ *(Mois / Trimestre / An).*

Il sera révisé annuellement tous les ________________ *(date de révision)* selon la variation de l'indice de référence des loyers publié par l'INSEE au ______________________ *(date de période de référence de l'IRL indiquée sur le bail - Année).*

Cet engagement pour une caution solidaire est valable pour une durée ______________________ *(indéterminée / déterminée – précisez la durée si elle est déterminée)* pour le paiement notamment des loyers, des indemnités d'occupation, des charges, des réparations et dégradations locatives, des impôts et taxes et tous frais éventuels de procédure dus en vertu de ce bail.

Je reconnais également avoir pris connaissance de l'avant-dernier alinéa de l'article 22-1 de la loi du 6 Juillet 1989 :
« Lorsque le cautionnement d'obligations résultant d'un contrat de location conclu en application du présent titre ne comporte aucune indication de durée ou lorsque la durée du cautionnement est stipulée indéterminée, la caution peut le résilier unilatéralement. La résiliation prend effet au terme du contrat de location, qu'il s'agisse du contrat initial ou d'un contrat reconduit ou renouvelé au cours duquel le bailleur reçoit notification de la résiliation ».

Fait à ______________________ *(Commune)*, le ____ / ____ / ________

LE BAILLEUR OU SON MANDATAIRE
Signature

LA CAUTION
Signature précédée de la mention
« Lu et approuvé – Bon pour caution solidaire »»

ACTE DE CAUTION SOLIDAIRE [2ème locataire]

Pour location de locaux d'habitation

Pour les bailleurs n'ayant pas souscrit d'assurance garantissant loyer impayé ou toute autre forme de garantie (sauf en cas de location à un étudiant ou un apprenti)
Article 22-1 de la loi 89-462 du 6 juillet 1989.

Je soussigné(e) M/Mme ____________________ *(Nom Prénom de la caution)*, né(e) le

____ / ____ / ______ à ____________________, et résidant à l'adresse suivante :

____________________ *(Adresse, Code postal, Commune)*

déclare me porter caution solidaire de ____________________ *(Nom Prénom du locataire)* pour les obligations résultant du contrat qui lui a été consenti par le bailleur :

____________________ *(Nom Prénom du bailleur) résidant au*

____________________ *(Adresse, Code postal, Commune)* , pour la location du logement situé au ____________________

____________________ *(Adresse du logement loué, Code postal, Commune).*

J'ai pris connaissance du montant du loyer de ____________________ euros *(montant du loyer en toutes lettres)* par ____________ *(Mois / Trimestre / An).*

Il sera révisé annuellement tous les ____________ *(date de révision)* selon la variation de l'indice de référence des loyers publié par l'INSEE au ____________________ *(date de période de référence de l'IRL indiquée sur le bail - Année).*

Cet engagement pour une caution solidaire est valable pour une durée ____________________ *(indéterminée / déterminée – précisez la durée si elle est déterminée)* pour le paiement notamment des loyers, des indemnités d'occupation, des charges, des réparations et dégradations locatives, des impôts et taxes et tous frais éventuels de procédure dus en vertu de ce bail.

Je reconnais également avoir pris connaissance de l'avant-dernier alinéa de l'article 22-1 de la loi du 6 Juillet 1989 :
« Lorsque le cautionnement d'obligations résultant d'un contrat de location conclu en application du présent titre ne comporte aucune indication de durée ou lorsque la durée du cautionnement est stipulée indéterminée, la caution peut le résilier unilatéralement. La résiliation prend effet au terme du contrat de location, qu'il s'agisse du contrat initial ou d'un contrat reconduit ou renouvelé au cours duquel le bailleur reçoit notification de la résiliation ».

Fait à ____________________ *(Commune)*, le ____ / ____ / ______

LE BAILLEUR OU SON MANDATAIRE
Signature

LA CAUTION
Signature précédée de la mention
« Lu et approuvé – Bon pour caution solidaire »

Annexe : Etat des lieux d'Entrée / de Sortie

☐ **ENTRÉE**
Date d'entrée : ____ / ____ / _______

☐ **SORTIE**
Date d'entrée : ____ / ____ / _______
Date de sortie : ____ / ____ / _______

Localisation du logement : ....

Bâtiment : .... **Étage** : .... **Porte** : ....

L'état des lieux doit être établi de façon contradictoire entre les 2 parties lors de la remise des clés au locataire, et lors de leur restitution en fin de bail, conformément à l'article 3 de la Loi n°89-462 du 6 Juillet 1989. Il fait partie du contrat de location, dont il ne peut être dissocié.
L'état des lieux d'entrée peut être complété par le locataire dans les 10 jours suivant sa tenue (et pendant le 1er mois de chauffe pour les éléments de chauffage).

Le Bailleur :

Nom/Prénom ou dénomination :

....

Domicile ou siège social :

....

Le cas échéant, le Mandataire :

Nom/Prénom ou dénomination :

....

Domicile ou siège social :

....

Le Locataire :

Nom/Prénom :

....

Si état des lieux de sortie, nouvelle adresse* :

....

....

....

**(Attention - En cas d'absence d'adresse indiquée dans l'état des lieux, aucune majoration ne pourra être applicable en cas de retard dans la restitution du montant du dépôt de garantie)*

Relevés compteurs individuels :

	Electricité	Gaz	Eau
ENTRÉE	Ancien occupant : .... N° Compteur : .... Relevé HP : .... Relevé HC :	N° Compteur : .... Relevé :	Relevé eau froide : .... Relevé eau chaude : ....
SORTIE	Ancien occupant : .... N° Compteur : .... Relevé HP : .... Relevé HC :	N° Compteur : .... Relevé :	Relevé eau froide : .... Relevé eau chaude : ....

ÉQUIPEMENTS ÉNERGÉTIQUES ET CHAUFFAGE :

Chauffage	☐ Collectif	☐ Individuel	
		☐ Électrique	☐ Gaz
		☐ Fioul	☐ Autre : ....
Eau chaude	☐ Collectif	☐ Individuel	
		☐ Électrique	☐ Gaz
		☐ Fioul	☐ Autre : ....

Nombre de radiateurs : .... Chaudière : .... Chauffe-eau : ....

CLÉS ET MOYENS D'ACCES :

Type de clé	ENTRÉE : Nbre et Commentaires	SORTIE : Nbre et Commentaires
Clés d'immeuble		
Clés porte d'entrée		
Boite aux lettres		
Badge ou clé portail		
Parking		
Clés cave		
Autre :		
Autre :		

PARTIES PRIVATIVES :

	ENTRÉE			SORTIE		
Cave n°	☐ Vide	☐ Encombrée	☐ Non visitée	☐ Vide	☐ Encombrée	☐ Non visitée
	Observations :			Observations :		
Parking / Box n°	☐ Vide	☐ Encombrée	☐ Non visitée	☐ Vide	☐ Encombrée	☐ Non visitée
	Observations :			Observations :		
Balcon / Terrasse	☐ Vide	☐ Encombrée	☐ Non visitée	☐ Vide	☐ Encombrée	☐ Non visitée
	Observations :			Observations :		
Jardin	☐ Vide	☐ Encombrée	☐ Non visitée	☐ Vide	☐ Encombrée	☐ Non visitée
	Observations :			Observations :		
Autre(s) :	☐ Vide	☐ Encombrée	☐ Non visitée	☐ Vide	☐ Encombrée	☐ Non visitée
	Observations :			Observations :		

Etat des pièces – compléter la colonne Etat avec les lettres M (mauvais), P (passable), B (bon), TB (très bon)

Lieu : Entrée		**État**	**Descriptions / Détails**
Porte	ENTRÉE		
	SORTIE		
Sonnette ou interphone	ENTRÉE		
	SORTIE		
Mur	ENTRÉE		
	SORTIE		
Sol	ENTRÉE		
	SORTIE		
Vitrage et volets	ENTRÉE		
	SORTIE		
Plafond	ENTRÉE		
	SORTIE		
Eclairage et interrupteurs	ENTRÉE		
	SORTIE		
Prises électriques (nombre : ....)	ENTRÉE		
	SORTIE		
Chauffage, ventilation, climatisation	ENTRÉE		
	SORTIE		
....	ENTRÉE		
	SORTIE		
....	ENTRÉE		
	SORTIE		

Séjour, salle à manger		**État**	**Descriptions / Détails**
Mur	ENTRÉE		
	SORTIE		
Sol	ENTRÉE		
	SORTIE		
Vitrage et volets	ENTRÉE		
	SORTIE		
Plafond	ENTRÉE		
	SORTIE		
Eclairage et interrupteurs	ENTRÉE		
	SORTIE		
Prises électriques (nombre : ....)	ENTRÉE		
	SORTIE		
Chauffage, ventilation, climatisation	ENTRÉE		
	SORTIE		
....	ENTRÉE		
	SORTIE		
....	ENTRÉE		
	SORTIE		

Cuisine		État	Descriptions / Détails
Mur	ENTRÉE		
	SORTIE		
Sol	ENTRÉE		
	SORTIE		
Vitrage et volets	ENTRÉE		
	SORTIE		
Plafond	ENTRÉE		
	SORTIE		
Eclairage et interrupteurs	ENTRÉE		
	SORTIE		
Prises électriques (nombre : ....)	ENTRÉE		
	SORTIE		
Chauffage, ventilation, climatisation	ENTRÉE		
	SORTIE		
Évier (et robinetterie)	ENTRÉE		
	SORTIE		
Hotte	ENTRÉE		
	SORTIE		
....	ENTRÉE		
	SORTIE		
....	ENTRÉE		
	SORTIE		

Salle(s) de bain(s)		État		Descriptions / Détails	
		Sdb1	Sdb2	Salle de bain n°1	Salle de bain n°2
Mur	ENTRÉE				
	SORTIE				
Sol	ENTRÉE				
	SORTIE				
Vitrage et volets	ENTRÉE				
	SORTIE				
Plafond	ENTRÉE				
	SORTIE				
Eclairage et interrupteurs	ENTRÉE				
	SORTIE				
Prises électriques (nombre : ....)	ENTRÉE				
	SORTIE				
Chauffage, ventilation, climatisation	ENTRÉE				
	SORTIE				
Lavabo (et robinetterie)	ENTRÉE				
	SORTIE				

		Sdb1	Sdb2	Salle de bain n°1	Salle de bain n°2
Baignoire / douche	ENTRÉE				
	SORTIE				
WC	ENTRÉE				
	SORTIE				
....	ENTRÉE				
	SORTIE				
....	ENTRÉE				
	SORTIE				

WC(s)		État		Descriptions / Détails	
		WC1	WC2	WC 1	WC 2
Mur	ENTRÉE				
	SORTIE				
Sol	ENTRÉE				
	SORTIE				
Vitrage et volets	ENTRÉE				
	SORTIE				
Plafond	ENTRÉE				
	SORTIE				
Eclairage et interrupteurs	ENTRÉE				
	SORTIE				
Prises électriques (nombre : ....)	ENTRÉE				
	SORTIE				
Chauffage, ventilation, climatisation	ENTRÉE				
	SORTIE				
Lavabo (et robinetterie)	ENTRÉE				
	SORTIE				
WC	ENTRÉE				
	SORTIE				
....	ENTRÉE				
	SORTIE				

Chambre N°1		État	Descriptions / Détails
Mur	ENTRÉE		
	SORTIE		
Sol	ENTRÉE		
	SORTIE		
Vitrage et volets	ENTRÉE		
	SORTIE		
Plafond	ENTRÉE		
	SORTIE		
Eclairage et interrupteurs	ENTRÉE		
	SORTIE		

Prises électriques (nombre : ………………)	ENTRÉE		
	SORTIE		
Chauffage, ventilation, climatisation	ENTRÉE		
	SORTIE		
……………………………………	ENTRÉE		
	SORTIE		

Chambre N°2		État	Descriptions / Détails
Mur	ENTRÉE		
	SORTIE		
Sol	ENTRÉE		
	SORTIE		
Vitrage et volets	ENTRÉE		
	SORTIE		
Plafond	ENTRÉE		
	SORTIE		
Eclairage et interrupteurs	ENTRÉE		
	SORTIE		
Prises électriques (nombre : ………………)	ENTRÉE		
	SORTIE		
Chauffage, ventilation, climatisation	ENTRÉE		
	SORTIE		
……………………………………	ENTRÉE		
	SORTIE		

Chambre N°3			État	Descriptions / Détails
Mur	ENTRÉE			
	SORTIE			
Sol	ENTRÉE			
	SORTIE			
Vitrage et volets	ENTRÉE			
	SORTIE			
Plafond	ENTRÉE			
	SORTIE			
Eclairage et interrupteurs	ENTRÉE			
	SORTIE			
Prises électriques (nombre : ………………)	ENTRÉE			
	SORTIE			
Chauffage, ventilation, climatisation	ENTRÉE			
	SORTIE			
……………………………………	ENTRÉE			
	SORTIE			

Autre pièce :		État	Descriptions / Détails
Mur	ENTRÉE		
	SORTIE		
Sol	ENTRÉE		
	SORTIE		
Vitrage et volets	ENTRÉE		
	SORTIE		
Plafond	ENTRÉE		
	SORTIE		
Eclairage et interrupteurs	ENTRÉE		
	SORTIE		
Prises électriques (nombre : ....)	ENTRÉE		
	SORTIE		
	ENTRÉE		
....	SORTIE		

MEUBLES ET ÉQUIPEMENTS :

CUISINE		État	Nombre	
Plaque de cuisson *Electrique / à gaz*	ENTRÉE			
	SORTIE			
Four *Electrique / à gaz*	ENTRÉE			
	SORTIE			
Four micro-ondes	ENTRÉE			
	SORTIE			
Réfrigérateur / Congélateur	ENTRÉE			
	SORTIE			
Lave-vaisselle	ENTRÉE			
	SORTIE			
Grille-pain	ENTRÉE			
	SORTIE			
Cafetière	ENTRÉE			
	SORTIE			
Placards	ENTRÉE			
	SORTIE			
Etagères	ENTRÉE			
	SORTIE			
Tables	ENTRÉE			
	SORTIE			
Chaises	ENTRÉE			
	SORTIE			
Rideaux ou stores	ENTRÉE			
	SORTIE			

Assiettes plates	ENTRÉE			
	SORTIE			
Assiettes creuses	ENTRÉE			
	SORTIE			
Assiettes à dessert	ENTRÉE			
	SORTIE			
Bols	ENTRÉE			
	SORTIE			
Verres	ENTRÉE			
	SORTIE			
Verres à pied	ENTRÉE			
	SORTIE			
Tasses	ENTRÉE			
	SORTIE			
Soucoupes	ENTRÉE			
	SORTIE			
Fourchettes	ENTRÉE			
	SORTIE			
Couteaux	ENTRÉE			
	SORTIE			
Cuillères à soupe	ENTRÉE			
	SORTIE			
Cuillères à café	ENTRÉE			
	SORTIE			
Saladiers	ENTRÉE			
	SORTIE			
Couverts à salade	ENTRÉE			
	SORTIE			
Carafes	ENTRÉE			
	SORTIE			
Plats	ENTRÉE			
	SORTIE			
Casseroles	ENTRÉE			
	SORTIE			
Poêles	ENTRÉE			
	SORTIE			
Autocuiseur	ENTRÉE			
	SORTIE			
Passoire	ENTRÉE			
	SORTIE			
Tire-bouchon	ENTRÉE			
	SORTIE			
Décapsuleur	ENTRÉE			
	SORTIE			
Ouvre-boîte	ENTRÉE			
	SORTIE			

Planche à découper	ENTRÉE			
	SORTIE			
Couteaux de cuisine	ENTRÉE			
	SORTIE			
Cuillères en bois	ENTRÉE			
	SORTIE			
Poubelle	ENTRÉE			
	SORTIE			
Egouttoir à vaisselle	ENTRÉE			
	SORTIE			
Torchons	ENTRÉE			
	SORTIE			

Salle de bain / WC		**État**	**Nombre**	**Descriptions / Détails**
Lave-linge	ENTRÉE			
	SORTIE			
Sèche-linge	ENTRÉE			
	SORTIE			
Sèche-serviettes électrique	ENTRÉE			
	SORTIE			
Sèche-cheveux	ENTRÉE			
	SORTIE			
Poubelle	ENTRÉE			
	SORTIE			
Rideau de douche	ENTRÉE			
	SORTIE			
Tapis de bain	ENTRÉE			
	SORTIE			
Etendoir à linge	ENTRÉE			
	SORTIE			
Porte-serviettes	ENTRÉE			
	SORTIE			
Miroirs	ENTRÉE			
	SORTIE			
Armoires	ENTRÉE			
	SORTIE			
Rideaux ou stores	ENTRÉE			
	SORTIE			
Etagères	ENTRÉE			
	SORTIE			
Serviettes de toilette	ENTRÉE			
	SORTIE			
Gants de toilette	ENTRÉE			
	SORTIE			

Séjour		État	Nombre	Descriptions / Détails
Bibliothèque	ENTRÉE			
	SORTIE			
Armoires	ENTRÉE			
	SORTIE			
Etagères	ENTRÉE			
	SORTIE			
Placards	ENTRÉE			
	SORTIE			
Canapés	ENTRÉE			
	SORTIE			
Canapés convertibles	ENTRÉE			
	SORTIE			
Fauteuils	ENTRÉE			
	SORTIE			
Tables	ENTRÉE			
	SORTIE			
Chaises	ENTRÉE			
	SORTIE			
Tapis	ENTRÉE			
	SORTIE			
Rideaux ou stores	ENTRÉE			
	SORTIE			
Nappes	ENTRÉE			
	SORTIE			
Serviettes de table	ENTRÉE			
	SORTIE			

Chambres		État	Nombre	Descriptions / Détails
Lits Simple / Double	ENTRÉE			
	SORTIE			
Armoires	ENTRÉE			
	SORTIE			
Tables de chevet	ENTRÉE			
	SORTIE			
Penderies	ENTRÉE			
	SORTIE			
Tapis	ENTRÉE			
	SORTIE			
Rideaux ou stores	ENTRÉE			
	SORTIE			
Matelas	ENTRÉE			
	SORTIE			
Oreillers	ENTRÉE			
	SORTIE			

Traversins	ENTRÉE			
	SORTIE			
Couettes	ENTRÉE			
	SORTIE			
Couvertures	ENTRÉE			
	SORTIE			
Coussins	ENTRÉE			
	SORTIE			
Alaises	ENTRÉE			
	SORTIE			
Draps	ENTRÉE			
	SORTIE			
Taies d'oreillers	ENTRÉE			
	SORTIE			
Housses de traversins	ENTRÉE			
	SORTIE			
Housses de couettes	ENTRÉE			
	SORTIE			
Couvre-lit	ENTRÉE			
	SORTIE			

Jardin / Terrasses		État	Nombre	Descriptions / Détails
Barbecue	ENTRÉE			
	SORTIE			
Parasol	ENTRÉE			
	SORTIE			
Tables	ENTRÉE			
	SORTIE			
Chaises	ENTRÉE			
	SORTIE			
Fauteuils	ENTRÉE			
	SORTIE			
Chaises longues	ENTRÉE			
	SORTIE			
Malles	ENTRÉE			
	SORTIE			

Divers		État	Nombre	Descriptions / Détails
Téléphone / Box internet	ENTRÉE			
	SORTIE			
Télévision	ENTRÉE			
	SORTIE			
Projecteur	ENTRÉE			
	SORTIE			
Lecteur DVD	ENTRÉE			
	SORTIE			

Enceinte audio	ENTRÉE			
	SORTIE			
Fer à repasser	ENTRÉE			
	SORTIE			
Planche à repasser	ENTRÉE			
	SORTIE			
Balais				
Pelles				
Aspirateur				
....				
....				
....				
....				
....				
....				
....				

Observations à l'entrée	
Observations à la sortie	

Signature du bailleur (ou de son mandataire) :

A l'Entrée	A la Sortie

Signature du/des locataire(s) :

A l'Entrée	A la Sortie

Annexe : Notice d'information relative aux droits et obligations des locataires et des bailleurs

Préambule

Le régime de droit commun des baux d'habitation, applicable aux locations de logements constituant la résidence principale des locataires, est défini principalement par la **loi n° 89-462 du 6 juillet 1989** tendant à améliorer les rapports locatifs.
La présente notice d'information rappelle les principaux droits et obligations des parties ainsi que certaines des voies de conciliation et de recours possibles pour régler leurs litiges.
Si la plupart des règles s'appliquent indifféremment à l'ensemble des locations, la loi prévoit certains aménagements pour les locations meublées ou les colocations afin de prendre en compte les spécificités attachées à ces catégories de location
Pour prétendre à la qualification de meublé, un logement doit être équipé d'un mobilier en nombre et en qualité suffisants pour permettre au locataire d'y dormir, manger et vivre convenablement au regard des exigences de la vie courante (titre 1er bis de la loi du 6 juillet 1989).
Les colocations, définies comme la location d'un même logement par plusieurs locataires, sont soumises au régime applicable le cas échéant aux locations nues ou meublées et aux règles spécifiques prévues par la loi en matière de colocation (art. 8-1).

1. Etablissement du bail

1.1. Forme et contenu du contrat

Le contrat de location est établi par écrit et respecte un bail type défini par décret.
Le bail peut être établi directement entre le bailleur et le locataire, éventuellement avec l'aide d'un intermédiaire (agent immobilier, administrateur de biens, huissier, notaire...). Il doit être fait en autant d'originaux que de parties et remis à chacune d'elles.
Le contrat de location doit comporter certaines mentions et notamment l'identité des parties, la description du logement, sa surface habitable et les conditions financières du contrat. Ainsi, en cas d'inexactitude supérieure à 5 % de la surface habitable mentionnée au bail d'une location nue, le locataire peut demander une diminution de loyer proportionnelle à l'écart constaté (art. 3 et 3-1).
Certaines clauses sont interdites. Si elles figurent dans le contrat, elles sont alors considérées comme étant inapplicables. Il s'agit notamment des clauses qui imposent comme mode de paiement du loyer le prélèvement automatique, qui prévoient des pénalités en cas de retard dans le paiement du loyer, qui interdisent au locataire d'héberger des personnes ne vivant pas habituellement avec lui, qui prévoient des frais de délivrance ou d'envoi de quittance, etc. (art. 4).
Le bailleur est tenu de remettre au locataire un certain nombre de documents lors de la signature du contrat, et notamment un dossier de diagnostic technique (art. 3-3).

1.2. Durée du contrat

Location d'un logement nu :
Le bail d'un logement nu est conclu pour une durée minimum de trois ans lorsque le bailleur est une personne physique (par exemple, un particulier) ou une société civile immobilière familiale, et de six ans lorsqu'il est une personne morale (par exemple, une société, une association).
A la fin du bail et à défaut de congé donné par l'une ou l'autre des parties, le bail est renouvelé sur proposition du bailleur ou reconduit automatiquement et dans les mêmes conditions pour trois ans lorsque le bailleur est une personne physique ou une société civile immobilière familiale, et pour six ans lorsqu'il est une personne morale (art. 10).

Par exception, la durée peut être inférieure à trois ans, mais d'au minimum un an, si le bailleur (personne physique, membre d'une société civile immobilière familiale ou d'une indivision) prévoit de reprendre son logement pour des raisons familiales ou professionnelles. Les raisons et l'événement invoqué pour justifier la reprise doivent impérativement figurer dans le bail. Le bailleur confirme au locataire, par lettre recommandée avec avis de réception, au minimum deux mois avant la fin du bail que l'événement est réalisé et qu'il reprendra le logement à la date prévue. Si la réalisation de l'événement justifiant la reprise du logement est différée, le bailleur peut également proposer dans les mêmes délais un ultime report du terme du contrat. Lorsque l'événement ne s'est pas produit ou n'a pas été confirmé, le bail se poursuit jusqu'au délai de trois ans (art. 11).

Location d'un logement meublé :

Le contrat de location d'un logement meublé est conclu pour une durée d'au moins un an. A la fin du bail et à défaut de congé donné par le bailleur ou le locataire ou de proposition de renouvellement, le bail est reconduit automatiquement et dans les mêmes conditions pour un an. Lorsque le locataire est un étudiant, les parties peuvent convenir d'un bail d'une durée de neuf mois qui n'est pas reconductible tacitement. Dans ce cas, si les parties ne conviennent pas de la reconduction du contrat, celui-ci prend fin à son terme (art. 25-7)

1.3. Conditions financières de la location

1.3.1. Loyer

1.3.1.1. Fixation du loyer initial

En principe, le loyer initial est fixé librement entre les parties au contrat. Cependant, dans certaines zones où il existe un déséquilibre marqué entre l'offre et la demande de logements, entraînant des difficultés sérieuses d'accès au logement, les loyers peuvent être encadrés par deux mécanismes complémentaires au moment de la mise en location. La liste des communes comprises dans ces « zones de tension du marché locatif » est fixée par décret.

Logements situés dans des « zones de tension du marché locatif » (art. 18) :

Pour l'ensemble des communes comprises dans ces zones, un décret fixe chaque année le montant maximum d'évolution des loyers en cas de relocation d'un logement. Ainsi, au moment du changement de locataire, le loyer d'un bien ne peut plus excéder le dernier loyer appliqué, revalorisé sur la base de l'évolution de l'indice de référence des loyers (IRL). L'augmentation de loyer peut être supérieure dans des cas particuliers : lorsque certains travaux d'amélioration ou de mise en conformité avec les caractéristiques de décence sont réalisés par le bailleur ou lorsque le loyer est manifestement sous-évalué. Par ailleurs, les logements faisant l'objet d'une première location, les logements inoccupés par un locataire depuis plus de dix-huit mois et les logements ayant fait l'objet, depuis moins de six mois, de travaux d'amélioration d'un montant au moins égal à la dernière année de loyer, sont exclus du champ de ce dispositif.

Logements situés dans certaines « zones de tension du marché locatif » dotées d'un observatoire local des loyers agréé (art. 17 et 25-9) :

Un mécanisme complémentaire d'encadrement du niveau des loyers des logements mis en location peut s'appliquer dans les communes qui sont dotées d'un observatoire local des loyers agréé par l'Etat. Ce dispositif s'appuie sur des références de loyers déterminées à partir des données représentatives des loyers du marché locatif local produites par les observatoires locaux des loyers dans le respect de prescriptions méthodologiques définies par un conseil scientifique.

A partir de ces données, les préfets concernés fixent annuellement par arrêté et pour chaque catégorie de logement et secteur géographique donnés, des références de loyers (loyer de référence, loyer de référence majoré et loyer de référence minoré) exprimées par un prix au mètre carré de surface habitable.

Dans les territoires où l'arrêté préfectoral est pris, le loyer au mètre carré des logements mis en location ne peut pas excéder le loyer de référence majoré, ce dernier devant être mentionné dans le contrat de location. Toutefois, lorsque le logement présente certaines caractéristiques, le bailleur peut fixer un loyer supérieur au loyer de référence majoré en appliquant un complément de loyer au loyer de base, lorsque celui-ci est égal au loyer de référence majoré correspondant au logement. Le montant de ce complément de loyer et les caractéristiques le justifiant doivent être mentionnés dans le contrat de location. Le locataire dispose d'un délai de trois mois pour contester ce complément de loyer en saisissant d'abord la commission départementale de conciliation compétente, et, en l'absence d'accord entre les parties, en ayant recours au juge.

1.3.1.2. Evolution du loyer en cours de contrat

1.3.1.2.1. Révision annuelle du loyer (art. 17-1) :

Lorsqu'une clause le prévoit, le loyer peut être révisé, une fois par an, à une date de révision indiquée au bail ou, à défaut, à la date anniversaire du bail. Cette augmentation annuelle du loyer ne peut être supérieure à la variation de l'indice de référence des loyers (IRL) publié par l'INSEE. Cet indice correspond à la moyenne, sur les douze derniers mois, de l'évolution des prix à la consommation, hors tabac et hors loyers.

L'indice de référence à prendre en compte est celui du trimestre qui figure dans le bail ou, à défaut, le dernier indice publié à la date de signature du contrat. Il est à comparer avec l'indice du même trimestre connu à la date de révision.

Le bailleur dispose d'un délai d'un an, à compter de la date de révision, pour en faire la demande. La révision prend effet au jour de sa demande ; elle ne peut donc pas être rétroactive.

Passé ce délai, la révision du loyer pour l'année écoulée n'est plus possible.

Si le bail ne prévoit pas de clause de révision, le loyer reste le même pendant toute la durée de la location.

1.3.1.2.2. Evolution du loyer consécutive à des travaux (art. 6 et 17-1) :

Exceptionnellement, le loyer d'un logement répondant aux caractéristiques de décence peut être revu à la hausse ou à la baisse en cours de bail lorsque le bailleur et le locataire ont convenu de travaux que l'une ou l'autre des parties fera exécuter à ses frais durant l'exécution du contrat.

La clause du contrat de location ou l'avenant qui prévoient cet accord doit fixer la majoration ou la diminution de loyer applicable suite à la réalisation des travaux et, selon le cas, fixer ses modalités d'application. Lorsqu'elle concerne des travaux à réaliser par le bailleur, cette clause ne peut porter que sur des travaux d'amélioration.

1.3.1.3. Ajustement du loyer au renouvellement du bail (art. 17-2 et 25-9)

Hors « zones de tension du marché locatif, » le loyer ne fait l'objet d'aucune réévaluation au moment du renouvellement du bail sauf s'il est manifestement sous-évalué. Ainsi, à l'expiration du bail, si le bailleur considère que le loyer est manifestement sous-évalué, il peut proposer une augmentation de loyer, en se référant aux loyers habituellement constatés dans le voisinage pour des logements comparables.

Il doit faire cette proposition au moins six mois avant le terme du contrat par lettre recommandée avec accusé de réception, par acte d'huissier ou remis en main propre contre récépissé ou émargement. Cette proposition doit reproduire intégralement, sous peine de nullité, les dispositions légales relatives à la réévaluation de loyer (art. 17-2 [II]) et indiquer le montant du nouveau loyer proposé ainsi que la liste des références de loyers ayant servi à le déterminer.

En cas de désaccord ou à défaut de réponse du locataire quatre mois avant le terme du contrat, la commission départementale de conciliation peut être saisie. Celle-ci s'efforce de concilier les parties et en cas d'échec rend un avis pouvant être transmis au juge saisi par l'une ou l'autre des parties.

A défaut de conciliation, le bailleur peut alors saisir le juge d'instance qui fixera alors lui-même le loyer applicable.

Si, au terme du contrat, aucun accord n'est trouvé, ou si le juge d'instance n'est pas saisi, le contrat est reconduit aux mêmes conditions de loyer (éventuellement révisé, si une clause le prévoit).

Lorsqu'une hausse de loyer a été convenue entre les parties ou fixée judiciairement, celle-ci s'applique progressivement au cours du bail renouvelé :

- lorsque la hausse est inférieure ou égale à 10 % de l'ancien loyer, l'augmentation est échelonnée par tiers sur trois ans, si le bailleur est un particulier, ou par sixième sur six ans, s'il est une personne morale. Cette hausse s'entend hors révision annuelle liée à la variation de l'indice de référence des loyers ;
- lorsque la hausse est supérieure à 10 % de l'ancien loyer, elle doit être, dans tous les cas, étalée par sixième sur six ans. L'étalement par

sixième s'applique même si le bail est renouvelé pour une durée inférieure à six ans, par exemple pour trois ans. Dans ce cas, l'augmentation continue à s'échelonner lors du renouvellement suivant.
Enfin, sur certains territoires (cf. § 1.3.1.1), les modalités d'ajustement du loyer au renouvellement du contrat connaissent certaines particularités :
- dans l'ensemble des zones « de tension du marché locatif », un décret limite la hausse de loyer applicable au renouvellement de bail ;
- dans les zones « de tension du marché locatif » dotées d'un observatoire local des loyers et pour lesquelles un arrêté préfectoral fixe des références de loyers, deux procédures d'encadrement des loyers au stade du renouvellement du bail sont ouvertes :
- le locataire peut engager une action en diminution de loyer si le montant du loyer fixé au contrat (hors montant du complément de loyer) s'avère supérieur au loyer de référence majoré publié par le préfet. Il doit alors faire une proposition au bailleur, au moins cinq mois avant le terme du bail, par lettre recommandée avec accusé de réception, par acte d'huissier ou remis en main propre contre récépissé ou émargement ;
- le bailleur peut engager une action en réévaluation du loyer dès lors que le loyer fixé au bail est inférieur au loyer de référence minoré publié par le préfet. Il doit alors faire une proposition au locataire, au moins six mois avant le terme du bail et dans les mêmes conditions de forme, qui ne peut être supérieure au loyer de référence minoré.

1.3.2. Charges locatives (art. 23)

Les charges locatives, ou charges récupérables, correspondent à certaines catégories de dépenses prises en charge par le bailleur, mais qui peuvent être récupérées auprès du locataire. Elles sont la contrepartie de services rendus liés à la chose louée, de dépenses d'entretien courant et de menues réparations relatives aux parties communes, et de certaines impositions liées à des services au locataire.
La liste des charges récupérables est limitativement énumérée par un décret (1) qui distingue huit postes de charges.
Le bailleur peut donc récupérer ces charges auprès des locataires de deux manières :
- de manière ponctuelle en apportant les justificatifs des dépenses engagées ;
- de manière régulière par versement périodique de provisions pour charges, par exemple tous les mois ou tous les trimestres.
Si les charges sont payées par provision, une régularisation doit être effectuée chaque année en comparant le total des provisions versées par le locataire avec les dépenses effectives engagées par le bailleur pendant l'année. Si les provisions sont supérieures aux dépenses réelles, celui-ci doit reverser le trop-perçu au locataire ; dans le cas contraire, il peut exiger un complément.
Le montant des charges récupérées par le bailleur doit être dans tous les cas justifié.
C'est ainsi que le bailleur doit communiquer au locataire :
- le décompte des charges locatives par nature de charges (électricité, eau chaude, eau froide, ascenseur...) ;
- le mode de répartition entre les locataires si le logement est situé dans un immeuble collectif ;
- une note d'information sur les modalités de calcul des charges de chauffage et de production d'eau chaude sanitaire collectives.
Dans les six mois suivant l'envoi du décompte, le bailleur doit tenir à la disposition du locataire l'ensemble des pièces justificatives de charges complémentaires (factures, contrats de fournitures). A compter du 1er septembre 2015, il doit transmettre le récapitulatif des charges du logement par voie dématérialisée ou par voie postale dès lors que le locataire en fait la demande.
Si la régularisation des charges n'a pas été effectuée dans l'année suivant leur exigibilité, le locataire peut exiger un paiement échelonné sur douze mois (art. 23).
Location de logement meublé et colocation (de logement nu ou meublé) :
Les parties peuvent opter, lors de la conclusion du contrat, pour la récupération des charges, en fonction des dépenses réellement engagées comme décrit précédemment, ou sous la forme d'un forfait. Dans ce cas, le montant du forfait est fixé dès la conclusion du contrat et ne donne pas lieu à régularisation. Ce montant, éventuellement révisé chaque année dans les mêmes conditions que le loyer, ne doit pas être manifestement disproportionné au regard des charges dont le locataire se serait acquitté sur justification des dépenses engagées par le bailleur (art. 8-1 et 25-10).
(1) DECRET N° 87-713 DU 26 AOUT 1987 PRIS EN APPLICATION DE L'ARTICLE 18 DE LA LOI N° 86-1290 DU 23 DECEMBRE 1986 TENDANT A FAVORISER L'INVESTISSEMENT LOCATIF, L'ACCESSION A LA PROPRIETE DE LOGEMENTS SOCIAUX ET LE DEVELOPPEMENT DE L'OFFRE FONCIERE ET FIXANT LA LISTE DES CHARGES RECUPERABLES.

1.3.3. Contribution du locataire au partage des économies de charges (art. 23-1)

Dans le cadre d'une location nue, une contribution financière peut être demandée au locataire en plus du loyer et des charges lorsque le bailleur a réalisé dans les parties privatives d'un logement, ou dans les parties communes de l'immeuble, des travaux d'économies d'énergie. Cette contribution, limitée au maximum à quinze années et dont le montant est fixe et non révisable, peut être demandée au locataire au titre du partage des économies de charge à partir de la date d'achèvement des travaux, dans des conditions strictement fixées par les textes.

1.3.4. Modalités de paiement

Le paiement du loyer et des charges doit être effectué à la date prévue au contrat.
Le bailleur est tenu de transmettre gratuitement au locataire qui en fait la demande, une quittance, qui indique le détail des sommes versées par le locataire en distinguant le loyer et les charges. Avec l'accord du locataire, la quittance peut être transmise par voie dématérialisée.
Aucuns frais liés à la gestion de l'avis d'échéance ou de la quittance ne peuvent être facturés au locataire (art. 21).

1.4. Garanties

Fréquemment, le bailleur exige certaines garanties pour se prémunir de l'inexécution des obligations du locataire. Pour ce faire, le bailleur dispose de différents moyens, strictement encadrés par la loi.

1.4.1. Dépôt de garantie (art. 22)

Le contrat de location peut prévoir le paiement d'un dépôt de garantie qui sert à couvrir les éventuels manquements du locataire à ses obligations locatives.
Son montant doit obligatoirement figurer dans le bail. Il ne peut pas être supérieur à un mois de loyer, hors charges, pour les locations nues et ne peut faire l'objet d'aucune révision en cours ou au renouvellement du bail.
Pour les locations meublées, le montant du dépôt est limité à deux mois de loyer (art. 25-6).
Au moment de la signature du bail, le dépôt de garantie est versé au bailleur directement par le locataire ou par l'intermédiaire d'un tiers.
Les modalités de restitution du dépôt de garantie à la fin du bail sont précisées dans la partie 3.2.2.

1.4.2. Garantie autonome (art. 22-1-1)

Une garantie autonome peut être souscrite en lieu et place du dépôt de garantie, dans la limite du montant de celui-ci. Appliquée au contrat de location, la garantie autonome est l'engagement par lequel le garant s'oblige, en cas de non-respect par le locataire de ses obligations, à verser une somme, soit à première demande, soit suivant des modalités convenues sans pouvoir opposer aucune exception à l'obligation garantie.

1.4.3. Cautionnement (art. 22-1)

La caution est la personne qui, dans un document écrit appelé « Acte de cautionnement », s'engage envers le bailleur à payer les dettes locatives du locataire et à exécuter les obligations qui lui incombent en cas de défaillance de sa part (ex. : loyers, charges, frais de remise en état du logement...).
Exigibilité :
Le bailleur ne peut exiger de cautionnement, à peine de nullité, s'il a déjà souscrit une assurance, ou toute autre forme de garantie, garantissant les obligations locatives (ex. : garantie des risques locatifs, assurance privée) sauf si le logement est loué à un étudiant ou un apprenti.
En principe, lorsque le bailleur est une personne morale, hors société immobilière familiale, une caution ne peut être demandée que si le logement est loué à un étudiant qui ne bénéficie pas d'une bourse de l'enseignement supérieur ou si elle est apportée par certains organismes.

Le bailleur ne peut enfin pas refuser la caution présentée au motif qu'elle ne possède pas la nationalité française ou qu'elle ne réside pas sur le territoire métropolitain.
Forme et contenu de l'acte de cautionnement :
L'engagement de caution doit être écrit. Le bailleur doit remettre un exemplaire du contrat de location à la caution. L'engagement de caution doit obligatoirement comporter certaines informations, écrites de la main de la caution.
Durée de l'engagement :
Engagement sans durée :
Si aucune durée d'engagement ne figure dans l'acte, la caution peut mettre fin à son engagement à tout moment par lettre recommandée avec avis de réception.
Toutefois, la résiliation signifiée au bailleur ne prend effet qu'à l'expiration du bail en cours.
En pratique, la caution qui résilie son engagement reste donc tenue des dettes locatives jusqu'à la fin du contrat de location en cours, elle n'en est plus tenue lorsque le bail est reconduit ou renouvelé.
Engagement à durée déterminée :
Quand une durée précise est indiquée dans l'acte de cautionnement, la caution ne peut pas résilier son engagement. Elle est tenue des dettes locatives jusqu'à la date initialement prévue.
Colocation (de logement loué nu ou meublé) (art. 8-1) :
Dans une colocation, les colocataires et les personnes qui se portent caution pour leur compte peuvent être solidairement tenus responsables du paiement du loyer. Lorsqu'un des colocataires donne congé, cette solidarité cesse lorsqu'un nouveau colocataire le remplace ou, à défaut de remplaçant, au bout de six mois après la fin du délai de préavis du congé.
Par ailleurs, l'engagement de la personne qui s'est portée caution pour le colocataire sortant cesse dans les mêmes conditions. A cet effet, l'acte de cautionnement doit nécessairement identifier un des colocataires.

1.5. Etat des lieux (art. 3-2)
Lors de la remise et de la restitution des clés, un état des lieux doit être établi. Ce document décrit l'état du logement loué avec précision, ainsi que les équipements qu'il comporte. En comparant l'état des lieux dressé à l'arrivée et au départ du locataire, le bailleur pourra demander réparation des détériorations causées par le locataire. A défaut d'état des lieux d'entrée, le logement est présumé avoir été délivré en bon état sauf si le locataire en apporte la preuve contraire ou si le bailleur a fait obstacle à l'établissement de l'état des lieux.
Il est établi par écrit contradictoirement et amiablement par le bailleur et le locataire ou par un tiers mandaté par les deux parties. Un exemplaire doit être remis à chaque partie. L'état des lieux d'entrée peut dans certains cas être complété ultérieurement à sa réalisation. Le locataire peut demander au bailleur ou à son représentant de compléter l'état des lieux d'entrée dans les dix jours suivant sa date de réalisation pour tout élément concernant le logement, ou durant le premier mois de la période de chauffe concernant l'état des éléments de chauffage. Si le bailleur refuse de compléter l'état des lieux, le locataire peut saisir la commission départementale de conciliation dont dépend le logement.
Si les parties ne peuvent établir l'état des lieux de manière contradictoire et amiable (par exemple, si l'une des parties ne se présente pas ou si les parties ne s'accordent pas sur le contenu de l'état des lieux), le bailleur ou le locataire peut faire appel à un huissier pour l'établir. Ce dernier doit aviser les parties au moins sept jours à l'avance par lettre recommandée avec avis de réception. Dans ce cas, les frais d'huissier sont partagés par moitié entre le bailleur et le locataire, les tarifs sont fixes et déterminés par décret (2).
Location de logement meublé :
Au-delà de l'état des lieux, un inventaire et un état détaillé du mobilier doivent également être établis, sans que cela ne puisse donner lieu à une prise en charge financière supplémentaire du locataire (art. 25-5).
(2) DECRET N° 96-1080 DU 12 DECEMBRE 1996 PORTANT FIXATION DU TARIF DES HUISSIERS DE JUSTICE EN MATIERE CIVILE ET COMMERCIALE.

2. Droits et obligations des parties

Au-delà des conditions particulières prévues par le contrat de location, bailleurs et locataires sont soumis à un certain nombre d'obligations prévues par la loi durant l'exécution du contrat.

2.1. Obligations générales du bailleur (art. 6)
Délivrer un logement décent :
Le bailleur est tenu de remettre au locataire un logement décent, ne laissant pas apparaître de risques manifestes pouvant porter atteinte à la sécurité physique ou à la santé et doté des éléments de confort le rendant conforme à l'usage d'habitation. Un décret (3) détermine les caractéristiques relatives à la sécurité physique et à la santé des locataires, aux éléments d'équipements et de confort et à la surface et au volume habitable que doit respecter un logement décent.
Si le logement ne satisfait pas ces caractéristiques, le locataire peut demander au bailleur sa mise en conformité. A défaut de réponse de celui-ci à la demande de mise en conformité dans un délai de deux mois ou à défaut d'accord entre les parties, la commission départementale de conciliation peut être saisie par l'une ou l'autre des parties. A défaut de saisine ou d'accord constaté par la commission, le juge peut être saisi du litige aux fins de déterminer la nature des travaux à réaliser et le délai de leur exécution.
Délivrer un logement en bon état :
Le bailleur est tenu de remettre au locataire un logement en bon état d'usage et de réparations, et doté d'équipements en bon état de fonctionnement.
Si le logement n'est pas en bon état, les parties peuvent convenir, par une clause expresse insérée dans le bail, de travaux que le locataire exécutera ou fera exécuter en contrepartie d'une réduction de loyer pendant une période déterminée (cf. § 1.3.1.2.2). Une telle clause ne peut concerner que des logements répondant déjà aux caractéristiques de décence.
Entretenir le logement :
Le bailleur est tenu d'entretenir les locaux en état de servir à l'usage prévu par le contrat, et d'y faire toutes les réparations nécessaires au maintien en état et à l'entretien normal des locaux loués, en dehors de tout ce qui touche aux réparations locatives (menues réparations et entretien courant à la charge du locataire, cf. partie 2.2).
Aménagements réalisés par le locataire :
Le bailleur ne peut s'opposer aux aménagements que son locataire souhaite réaliser dans le logement, à condition qu'il ne s'agisse pas de travaux de transformation.
A titre d'exemple, la modification du coloris des peintures ou la pose du papier peint pourraient être considérés comme de simples aménagements du logement que le bailleur ne saurait interdire. En revanche, le fait d'abattre une cloison ou de transformer une chambre en cuisine constituerait une transformation nécessitant préalablement une autorisation écrite du bailleur.
Usage du logement :
Le bailleur doit assurer au locataire un usage paisible du logement. Le logement loué est le domicile du locataire. A ce titre, il en a la jouissance exclusive et peut utiliser les lieux librement dans le respect du contrat de location et, le cas échéant, d'un règlement intérieur à l'immeuble. Il peut aussi inviter ou héberger les personnes de son choix. Dès lors, le bailleur n'a pas le droit d'imposer un droit de visite à son locataire en dehors de certaines circonstances (vente du logement, départ du locataire…), d'interdire l'accès au logement à des personnes autres que la famille du locataire, de pénétrer dans le logement sans l'accord du locataire, de lui interdire d'avoir des animaux familiers, de lui interdire de fumer, etc.
En cas de troubles de voisinage causés par les personnes qui occupent ces locaux, le bailleur doit, après leur avoir adressé une mise en

demeure dûment motivée, utiliser les droits dont il dispose en propre afin de faire cesser ces troubles de voisinage.
(3) DECRET N° 2002-120 DU 30 JANVIER 2002 RELATIF AUX CARACTERISTIQUES DU LOGEMENT DECENT PRIS POUR L'APPLICATION DE L'ARTICLE 187 DE LA LOI N° 2000-1208 DU 13 DECEMBRE 2000 RELATIVE A LA SOLIDARITE ET AU RENOUVELLEMENT URBAINS.

2.2. Obligations générales du locataire (art. 7)
Paiement du loyer et des charges :
Le locataire doit payer le loyer et les charges à la date prévue au contrat.
Le locataire ne doit en aucun cas cesser de payer de lui-même, sans autorisation d'un juge, tout ou partie de son loyer sous prétexte que le bailleur ne respecte pas ses obligations.
Utilisation du logement :
Le locataire jouit librement de son logement pendant toute la durée de la location, mais il doit respecter certaines obligations en la matière :
- le locataire est tenu d'utiliser paisiblement son logement et dans le respect de la tranquillité du voisinage ;
- le locataire doit veiller à respecter le règlement intérieur à l'immeuble, lorsque ce logement est situé dans un immeuble collectif (appartement). Ce règlement peut par exemple interdire certaines pratiques (ex. : pose de jardinières, de linge aux fenêtres) ;
- le locataire doit respecter la destination prévue au sein du contrat de location. Par exemple, le local peut être loué à usage d'habitation uniquement, dès lors le locataire ne peut y exercer une activité commerciale ;
- le locataire ne peut sous-louer tout ou partie de son logement sans l'accord écrit du bailleur. Dans l'hypothèse où le bailleur donne son accord, le montant du loyer au mètre carré de surface habitable appliqué au sous-locataire ne peut en aucun cas excéder celui payé par le locataire principal. Le locataire est également tenu de transmettre au sous-locataire l'autorisation écrite du bailleur et la copie du bail en cours.
Travaux :
- le locataire a le droit d'aménager librement le logement qu'il occupe (changement de moquette, pose de papier peint, modification des peintures...). Il ne peut toutefois y faire de travaux de transformation sans l'accord écrit du bailleur. A défaut, celui-ci peut, lors du départ du locataire, conserver le bénéfice des transformations sans indemnisation. Il peut aussi exiger la remise immédiate en l'état des lieux aux frais du locataire. En cas de litige, le caractère des travaux (simple aménagement ou transformation) relève de l'appréciation du juge ;
- le locataire doit laisser exécuter dans son logement certains travaux décidés par le bailleur : les réparations urgentes, les travaux d'amélioration ou d'entretien du logement loué ou des parties communes, les travaux d'amélioration de la performance énergétique et les travaux de mise aux normes de décence. Avant le début des travaux, le bailleur est tenu de remettre au locataire une notification de travaux, par lettre remise en main propre ou par courrier recommandé avec avis de réception, précisant leur nature et les modalités de leur exécution. Pour la préparation et la réalisation de ces travaux, le locataire est tenu de permettre l'accès à son logement tous les jours sauf les samedis, dimanches et jours fériés (à moins qu'il ne donne son accord pour que les travaux soient réalisés pendant ces jours).
Si les travaux durent plus de vingt et un jours et affectent l'utilisation du logement, une réduction de loyer peut être appliquée au profit du locataire. En cas d'abus (travaux à caractère vexatoire, ne respectant pas les conditions prévues dans la notification de travaux, rendant l'utilisation du logement impossible ou dangereuse), le locataire peut également saisir le juge pour interrompre ou interdire les travaux.
Entretien :
Le locataire doit veiller à maintenir en l'état le logement qu'il occupe. A ce titre :
- le locataire doit prendre en charge l'entretien courant, les menues réparations du logement et des équipements mentionnés dans le contrat (ex. : maintien en état de propreté, remplacement d'ampoules, etc.) ainsi que l'ensemble des réparations locatives dont la liste est définie par décret (4) sauf si elles sont occasionnées par vétusté, malfaçon, vice de construction, cas fortuit ou force majeure ;
- le locataire est responsable des dégradations ou pertes qui pourraient survenir en cours de bail dans le logement, à moins qu'il ne prouve qu'elles ont eu lieu par cas de force majeure, par la faute du bailleur ou par la faute d'un tiers qu'il n'a pas introduit dans le logement.
Assurance :
Le locataire est tenu de s'assurer contre les risques locatifs (principalement dégâts des eaux, incendie, explosion) et de le justifier lors de la remise des clefs puis chaque année à la demande du bailleur, par la remise d'une attestation. S'il ne le fait pas, le bailleur peut demander la résiliation du bail ou souscrire une assurance à la place du locataire en lui répercutant le montant de la prime.
En cas de colocation, dans un logement nu ou meublé, les parties peuvent convenir dès la conclusion du contrat de la souscription par le bailleur d'une assurance pour le compte des colocataires.
(4) DECRET N° 87-712 DU 26 AOUT 1987 RELATIF AUX REPARATIONS LOCATIVES.

3. Fin de contrat et sortie du logement

3.1. Congés (art. 15 et 25-8)
Les parties peuvent unilatéralement, dans les conditions déterminées par la loi, mettre fin au contrat de location et donner congé.
3.1.1. Congé délivré par le locataire
Motifs : le locataire peut donner congé à tout moment et sous réserve de respecter certaines conditions de forme. Le congé est effectif à l'expiration d'un délai de préavis variable selon les circonstances de son départ.
Forme : le locataire qui souhaite quitter son logement doit notifier son congé au bailleur par lettre recommandée avec avis de réception, acte d'huissier, ou remise en main propre contre émargement ou récépissé.
Effets : la réception de la lettre de congé par le bailleur fait courir un délai de préavis pendant lequel le locataire reste tenu au paiement de son loyer, même s'il a déjà quitté le logement, sauf si, en accord avec le locataire sortant, un nouveau locataire occupe le logement avant la fin du délai de préavis.
Durée du délai de préavis :
Location nue :
Le délai de préavis est en principe de trois mois. Ce délai est réduit à un mois lorsque le logement est situé dans des « zones de tension du marché locatif » ou lorsque le locataire justifie d'une des situations suivantes : obtention d'un premier emploi, de mutation, de perte d'emploi ou de nouvel emploi consécutif à une perte d'emploi, état de santé justifiant un changement de domicile et constaté par un certificat médical, bénéfice du revenu de solidarité active ou de l'allocation adulte handicapé, attribution d'un logement social. Le locataire doit alors préciser le motif de son départ et le justifier à l'occasion de la notification de congé. À défaut, le préavis de trois mois s'applique.
Location meublée :
Le délai de préavis est d'un mois.
3.1.2. Congé délivré par le bailleur
Motifs : le bailleur peut donner congé à son locataire à l'échéance du bail et dans trois cas :
1. Le bailleur souhaite reprendre le logement pour l'occuper, à titre de résidence principale, ou y loger un proche (5).
2. Le bailleur souhaite vendre le logement inoccupé. Le locataire est alors prioritaire pour acquérir le logement. Le bailleur doit lui donner congé en lui indiquant le prix et les conditions de la vente. Cela constitue une offre de vente.
3. Le bailleur met fin au bail pour un motif légitime et sérieux : non-respect par le locataire de l'une de ses obligations, retards répétés de paiement des loyers, défaut d'entretien du logement, troubles de voisinage, etc.
Des restrictions peuvent s'appliquer quant à la possibilité pour le bailleur de donner congé, notamment en fonction du niveau de ressources et de l'âge du locataire ou, en location nue, lorsque le congé du bailleur est consécutif à l'acquisition d'un logement occupé.
Forme et délais :
La notification du congé doit être adressée à chacun des cotitulaires du bail par lettre recommandée avec avis de réception, acte d'huissier, ou remise en main propre contre récépissé. Le délai de préavis court à compter de la réception du courrier ou du passage de l'huissier. La

notification contient le motif du congé et d'autres informations en fonction du motif invoqué.
Location nue :
Le préavis doit être délivré au moins six mois avant la fin du bail. Le bailleur doit joindre une notice d'information définie par arrêté ministériel et relative à ses propres obligations et aux voies de recours et d'indemnisation du locataire en cas de congé pour reprise ou vente.
Location meublée :
Le préavis doit être délivré au moins trois mois avant la fin du bail.
Effet : si le locataire quitte le logement avant l'expiration du préavis, le locataire n'est redevable du loyer et des charges que pour le temps réel d'occupation du logement.
Sanction du congé frauduleux : si le motif du congé ne correspond pas à la réalité, le locataire peut le contester devant le juge. Par ailleurs, le bailleur qui délivre un congé pour vendre ou pour habiter frauduleusement risque une amende pénale pouvant aller jusqu'à 6 000 € ou 30 000 € s'il s'agit d'une personne morale.
(5) CONJOINT, PARTENAIRE DE PACS, CONCUBIN NOTOIRE DEPUIS AU MOINS UN AN A LA DATE DU CONGE, ASCENDANTS ET DESCENDANTS DU BAILLEUR OU DE SON CONJOINT, DE SON PARTENAIRE OU DE SON CONCUBIN NOTOIRE.

3.2. Sortie du logement

3.2.1. Etat des lieux de sortie

A la remise des clés par le locataire, un état des lieux de sortie doit être établi entre le bailleur et le locataire. Les modalités d'établissement de l'état des lieux de sortie sont identiques à celles applicables lors de l'état des lieux d'entrée.
Cependant, dans le cadre d'un état des lieux amiable et lorsque le bailleur mandate un tiers pour le représenter (par exemple, un professionnel de l'immobilier), aucuns frais ne peut être facturé au locataire.

3.2.2. Restitution du dépôt de garantie (art. 22)

Délais : le dépôt de garantie doit être restitué dans un délai maximal de deux mois à compter de la remise des clés par le locataire, déduction faite le cas échéant des sommes justifiées dues au titre des loyers, charges, réparations locatives ou des dégradations dont il pourrait être tenu responsable. Le délai s'apprécie à compter du jour de la restitution des clés par le locataire qui peut les remettre en main propre ou par lettre recommandée avec demande d'avis de réception, au bailleur ou à son mandataire. A cette occasion, le locataire indique au bailleur, ou à son mandataire, sa nouvelle adresse.
Dans certains cas particuliers, des aménagements sont prévus au délai de restitution du dépôt de garantie :
- si l'état des lieux de sortie est conforme à l'état des lieux d'entrée, le délai est réduit à un mois ;
- si le logement est situé dans un immeuble collectif, le bailleur peut conserver une provision maximale de 20 % du dépôt de garantie jusqu'au mois suivant l'approbation des comptes annuels de l'immeuble.

Le bailleur est tenu de justifier la retenue qu'il opère sur le dépôt de garantie par la remise au locataire de documents tels que l'état des lieux d'entrée et de sortie, des factures, devis, lettres de réclamation des loyers impayés restées sans réponse, etc. ;
- sanction de la restitution tardive du dépôt de garantie : à défaut de restitution du dépôt de garantie dans les délais impartis, le montant dû au locataire est majoré d'une somme égale à 10 % du loyer mensuel, pour chaque mois de retard commencé. Cette majoration n'est pas due lorsque l'origine du défaut de restitution dans les délais résulte de l'absence de transmission par le locataire de sa nouvelle adresse.

4. Règlement des litiges locatifs

En cas de conflit, les parties peuvent tenter de trouver une solution amiable. En cas d'échec, le tribunal compétent peut être saisi pour trancher le litige.

4.1. Règles de prescriptions (art. 7-1)

En matière locative, la durée au-delà de laquelle une action en justice n'est plus recevable est en principe de trois ans. Ainsi, sauf interruption ou suspension des délais, le bailleur peut récupérer judiciairement les arriérés de charges et de loyer pendant trois ans à compter de leur exigibilité.
Il existe une exception à ce principe en matière d'action en révision de loyer, le bailleur ne disposant que d'un délai d'un an pour demander en justice le paiement du différentiel de loyer issu de la révision.

4.2. Règlement amiable et conciliation

Lorsqu'il existe un litige, il est conseillé d'adresser un courrier recommandé avec accusé de réception à l'autre partie relatant les faits le plus précisément possible, accompagné des arguments et preuves relatifs aux faits litigieux (références juridiques, factures, photos, etc.).
Ce courrier est une première étape préalable importante pour engager ensuite un recours éventuel devant le juge. Si le litige n'est pas résolu à l'amiable, il peut être utile de saisir la commission départementale de conciliation.
Voies de conciliation : les commissions départementales de conciliation (art. 20) :
Présentation : pour régler certains litiges entre le bailleur et le locataire, il est possible de faire appel localement aux commissions départementales de conciliation (CDC), présentes dans chaque département et placées auprès des services de l'Etat. Cette commission est composée à parts égales de représentants des bailleurs et de représentants des locataires. Elle est compétente pour connaître des litiges de nature individuelle et des difficultés de nature collective. Toute démarche devant la CDC est gratuite.
Rôle : la CDC s'efforce de concilier les parties en établissant un dialogue, afin d'éviter le recours au juge. La CDC doit traiter les litiges qui lui sont soumis dans un délai de deux mois à compter de sa saisine.
Le champ de compétence de la CDC est large.
La saisine de la CDC constitue une étape obligatoire avant toute saisine du juge pour les litiges relatifs à l'ajustement des loyers au renouvellement du bail (cf. § 1.3.1.3), pour certains litiges relatifs à l'encadrement des loyers (contestation du complément de loyer ou du loyer déterminé en application du décret fixant annuellement le montant maximum d'évolution des loyers).
Elle intervient aussi de manière facultative pour les litiges relatifs aux thèmes suivants : dépôt de garantie, état des lieux, fixation et révision des loyers, charges locative, réparations, décence, congés.
Enfin, la CDC est compétente pour les différends de nature collective : application des accords collectifs nationaux ou locaux, des plans de concertation locative, difficultés de fonctionnement d'un immeuble ou d'un groupe d'immeubles.
Modalités de saisine : la CDC peut être saisie par le bailleur ou le locataire concerné, lorsqu'il s'agit d'un litige de nature individuelle et par le bailleur, plusieurs locataires ou une association représentative des locataires, lorsqu'il s'agit d'une difficulté de nature collective.
La saisine de la commission doit être formulée en double exemplaire et adressée par lettre recommandée avec avis de réception au secrétariat de la commission. La saisine doit indiquer les nom, qualité et adresse du demandeur, ceux du défendeur ainsi que l'objet du litige ou de la difficulté. Dans tous les cas, la lettre de saisine doit être accompagnée de la copie des pièces en lien avec le litige (le bail, le courrier du bailleur proposant l'augmentation, etc.).
Déroulement des séances : le bailleur et le locataire en conflit sont convoqués, en personne, par lettre à une séance de conciliation au minimum quinze jours avant la séance.
Ils peuvent se faire assister par une personne de leur choix ou se faire représenter par une personne dûment mandatée. Si la demande a été introduite par une association ou par plusieurs locataires, seuls sont convoqués à la séance leurs représentants (2 au maximum), dont les noms auront été communiqués au préalable au secrétariat de la CDC.
Chaque partie expose son point de vue et la CDC aide les parties à trouver une solution à leur problème.
Si un accord intervient, les termes de la conciliation font l'objet d'un document signé par chacune des parties.
En l'absence d'accord, la CDC rend un avis qui constate la situation et fait apparaître les points essentiels de la position de chacun, ainsi que,

le cas échéant, sa position.

4.3. Action en justice
4.3.1. Généralités
Si le locataire ou le bailleur ne respecte pas ses obligations, l'autre partie peut exercer une action en justice auprès du tribunal compétent pour l'obliger à exécuter son obligation, pour demander la résiliation du contrat ou pour demander une indemnisation.
Tout litige relatif à un bail d'habitation relève exclusivement du tribunal d'instance dans le ressort duquel se situe le logement. Toutefois, le juge de proximité est compétent en matière de restitution du dépôt de garantie si le litige porte sur un montant inférieur à 4 000 euros.
Lorsqu'un ou plusieurs locataires ont avec un même bailleur un litige locatif ayant une origine commune, ils peuvent donner par écrit mandat d'agir en justice en leur nom et pour leur compte à une association siégeant à la Commission nationale de concertation.
Si le litige porte sur les caractéristiques du logement pour en faire un logement décent, ce mandat peut être donné à une des associations précitées ou à une association compétente en matière d'insertion ou de logement des personnes défavorisées, à une collectivité territoriale compétente en matière d'habitat ou à un organisme payeur des aides au logement (CAF ou MSA).
4.3.2. Résiliation judiciaire et de plein droit (art. 24)
Des modalités particulières de résiliation du bail sont prévues par la loi lorsque le bailleur est à l'initiative de la demande judiciaire de résiliation du bail.
4.3.2.1. Mise en œuvre de la clause résolutoire de plein droit
Une clause du contrat de location, appelée clause résolutoire, peut prévoir sa résiliation de plein droit en cas d'inexécution des obligations du locataire, dans les quatre cas suivants :
- défaut de paiement des loyers et des charges locatives au terme convenu ;
- non-versement du dépôt de garantie ;
- défaut d'assurance du locataire contre les risques locatifs ;
- troubles de voisinage constatés par une décision de justice passée en force de chose jugée rendue au profit d'un tiers.

En pratique, le bailleur devra assigner le locataire devant le tribunal pour faire constater l'acquisition de la clause résolutoire et la résiliation de plein droit du bail. Les modalités de mise en œuvre de cette clause varient selon la nature de la faute imputée au locataire.
Lorsque le bailleur souhaite mettre en œuvre la clause résolutoire pour défaut de paiement des loyers et des charges ou pour non-versement du dépôt de garantie, il doit préalablement faire signifier au locataire, par acte d'huissier, un commandement de payer, qui doit mentionner certaines informations et notamment la faculté pour le locataire de saisir le fonds de solidarité pour le logement (cf. § 4.4.1). De plus, pour les bailleurs personnes physiques ou les sociétés immobilières familiales, le commandement de payer doit être signalé par l'huissier à la commission de coordination des actions de prévention des expulsions locatives (cf. § 4.4.2) dès lors que l'un des seuils relatifs au montant et à l'ancienneté de la dette, fixé par arrêté préfectoral, est atteint.
Le locataire peut, à compter de la réception du commandement, régler sa dette, saisir le juge d'instance pour demander des délais de paiement, voire demander ponctuellement une aide financière à un fonds de solidarité pour le logement. Si le locataire ne s'est pas acquitté des sommes dues dans les deux mois suivant la signification, le bailleur peut alors assigner le locataire en justice pour faire constater la résiliation de plein droit du bail.
En cas de défaut d'assurance, le bailleur ne peut assigner en justice le locataire pour faire constater l'acquisition de la clause résolutoire qu'après un délai d'un mois après un commandement demeuré infructueux.
4.3.2.2. Résiliation judiciaire
Si le bailleur renonce à la mise en œuvre de la clause résolutoire, ou si celle-ci n'est pas prévue au bail ou si le litige a pour origine des motifs non couverts par la clause résolutoire, le bailleur peut saisir directement le juge pour demander la résiliation judiciaire du bail. Le juge dispose alors d'un large pouvoir pour apprécier si la faute du locataire est d'une gravité suffisante pour justifier la résiliation du bail.
4.3.2.3. Assignation aux fins de résiliation du bail et pouvoirs du juge
L'assignation est la procédure obligatoire de saisine du juge. Il s'agit d'un acte établi et délivré par un huissier de justice, par lequel le demandeur prévient la partie adverse qu'une procédure judiciaire est ouverte contre lui.
Le bailleur personne morale autre que les sociétés immobilières familiales ne peut assigner aux fins de constat de résiliation du bail qu'après avoir saisi, au moins deux mois auparavant, la commission de coordination des actions de prévention des expulsions locatives (cf. § 4.4.2). Cette saisine est réputée constituée lorsqu'il y a eu signalement à la CAF/CMSA en vue d'assurer le maintien des aides au logement.
Quand l'assignation est fondée sur une dette locative, cette assignation doit être notifiée par huissier au préfet de département deux mois avant l'audience.
Le juge peut alors :
- soit accorder, même d'office, au locataire en situation de régler sa dette locative, des délais de paiement, pouvant aller jusqu'à trois ans pour régler sa dette locative. Si le locataire se libère de sa dette dans le délai et selon les modalités fixés par le juge, le bail n'est pas résilié ;
- soit ordonner l'expulsion assortie ou non d'un délai de grâce pour quitter les lieux (trois mois à trois ans) (**art. L. 412-1 et suivants du code des procédures civiles d'exécution**).

4.4. Prévention des expulsions
Des dispositifs de prévention des expulsions ont été institués afin de traiter notamment le plus en amont les situations d'impayés locatifs. Au sein des différentes actions mises en place sur le territoire départemental, deux dispositifs sont susceptibles d'être mobilisés plus particulièrement.
4.4.1. Le fonds de solidarité pour le logement
Le fonds de solidarité pour le logement (FSL) a été constitué dans chaque département afin d'accorder des aides financières, sous forme de prêts, de subventions ou de garantie, aux personnes ayant de faibles ressources qui rencontrent des difficultés pour assurer leurs dépenses de logement (factures, loyers…).
Les aides du FSL peuvent notamment permettre d'aider au paiement :
- du dépôt de garantie, du premier loyer, de l'assurance du logement ;
- des dettes de loyers et de charges en vue du maintien dans le logement ou en vue de faciliter l'accès à un nouveau logement ;
- des impayés de factures d'eau et d'énergie.

Chaque département a ses propres critères d'attribution des aides. Il est notamment tenu compte des ressources de toutes les personnes composant le foyer. Pour en bénéficier, il convient de s'adresser aux services de son conseil départemental.
4.4.2. La commission de coordination des actions de prévention des expulsions locatives (CCAPEX)
Dans chaque département, la CCAPEX a pour mission de délivrer des avis et des recommandations à tout organisme ou personne susceptible de contribuer à la prévention de l'expulsion ainsi qu'aux bailleurs et aux locataires concernés par une situation d'impayé ou de menace d'expulsion quel que soit le motif. Elle émet également des avis et recommandations à l'attention des instances compétentes pour l'attribution d'aides financières ou pour l'accompagnement social des personnes en situation d'impayé.
Pour exercer ses missions, elle est informée dès la délivrance du commandement de payer (cf. § 4.3.2.1). En outre, elle peut être saisie par les organismes payeurs des aides personnelles au logement ou directement par le bailleur ou le locataire. Il convient de s'adresser à la préfecture de département pour connaître les coordonnées et modalités de saisine.
4.5. Procédure d'expulsion
Validité de l'expulsion :
Le locataire ne peut être expulsé que sur le fondement d'une décision de justice ou d'un procès-verbal de conciliation exécutoire. Cette décision peut, notamment, faire suite au refus du locataire de quitter les lieux après un congé délivré régulièrement par le bailleur, à la mise en œuvre de la clause résolutoire ou à une résiliation judiciaire du contrat.
Le bailleur ne doit en aucun cas agir sans décision de justice, même avec l'assistance d'un huissier. Ainsi, le bailleur qui procède lui-même à

l'expulsion d'un locataire indélicat est passible de trois ans de prison et de 30 000 € d'amende.
Par ailleurs, suite à la décision de justice, le bailleur est tenu de signifier au locataire, par un huissier de justice, un commandement de quitter les lieux. L'expulsion ne peut avoir lieu qu'après un délai de deux mois suivant le commandement, ce délai peut être modifié par le juge dans les conditions prévues notamment à l'**article L. 412-1 du code des procédures civiles d'exécution**.
L'Etat est tenu de prêter son concours à l'exécution des jugements à moins qu'un motif tiré de l'ordre public ne l'autorise à refuser son concours.
En cas de refus, ou à l'expiration du délai de deux mois suivant le dépôt de la demande de concours de la force publique, le bailleur peut effectuer une demande gracieuse d'indemnisation auprès du préfet, puis devant le tribunal administratif pour obtenir réparation du préjudice.
Trêve hivernale :
Durant la période dite de trêve hivernale, qui court du 1er novembre au 31 mars, les locataires sont protégés et ne peuvent être expulsés. Ce délai supplémentaire doit être mis à profit pour activer tous les dispositifs de relogement. Cette trêve signifie que tout jugement ordonnant l'expulsion d'un locataire, passée en force de chose jugée, ne peut être exécuté de force pendant cette période de grâce. Elle s'applique même si le juge a ordonné des délais pour exécuter l'expulsion et que ces délais ont expiré, sauf si l'expulsion est engagée à l'encontre :
- d'un locataire qui loue un logement dans un immeuble qui a fait l'objet d'un arrêté de péril ; ou
- d'un locataire dont l'expulsion est assortie d'un relogement correspondant à ses besoins familiaux (le nombre de pièces doit correspondre au nombre d'occupants).
En revanche, la trêve hivernale n'interdit pas aux bailleurs de demander et d'obtenir un jugement d'expulsion, ni même de signifier au locataire le commandement de quitter les lieux. En effet, seules les mesures d'exécution de l'expulsion avec le concours de la force publique sont suspendues.

5. Contacts utiles

Les ADIL : les agences départementales d'information sur le logement apportent au public un conseil gratuit, neutre et personnalisé sur toutes les questions juridiques, financières et fiscales relatives au logement et leur proposent des solutions adaptées à leur cas personnel. Les ADIL assurent ainsi de nombreuses permanences sur l'ensemble du territoire (http://www.anil.org/votre-adil/).
Les organismes payeurs des aides au logement :
- Caisses d'allocations familiales (CAF) ;
- Mutualité sociale agricole (MSA).
Les associations représentatives des bailleurs et des locataires :
Au plan local, il existe de nombreuses organisations ayant pour objet de représenter et de défendre l'intérêt des locataires ou des bailleurs.
Sont également considérées comme représentatives au niveau national les organisations représentatives des locataires et des bailleurs suivantes, qui siègent à ce titre à la commission nationale de concertation :
- organisations nationales représentatives des bailleurs :
- l'Association des propriétaires de logements intermédiaires (APLI) ;
- la Fédération des sociétés immobilières et foncières (FSIF) ;
- l'Union nationale de la propriété immobilière (UNPI) ;
- organisations nationales représentatives des locataires :
- la Confédération nationale du logement (CNL) ;
- la Confédération générale du logement (CGL) ;
- la Confédération syndicale des familles (CSF) ;
- la Confédération de la consommation, du logement et du cadre de vie (CLCV) ;
- l'Association force ouvrière consommateurs (AFOC).

Maison de justice et du droit et point d'accès au droit : les maisons de justice et du droit et les points d'accès au droit accueillent gratuitement et anonymement les personnes rencontrant un problème juridique et/ou administratif. Le site **http://www.annuaires.justice.gouv.fr/** vous permet de connaître, à partir de votre code postal, le point d'accès au droit ou la maison de justice et du droit le plus proche de votre domicile.
Information administrative :

- ministère du logement, de l'égalité des territoires et de la ruralité : **http://www.territoires.gouv.fr** ;
- site officiel de l'administration française : **http://www.service-public.fr/** ;
- numéro unique de renseignement des usagers Allo Service Public : 3939 (coût : 0,15 € la minute en moyenne).

Annexe : Liste des charges récupérables :

(Décret n°87-713 du 26 Août 1987 pris en application de l'article 18 de la loi n°86-1290 du 23 décembre 1986 tendant à favoriser l'investissement locatif, l'accession à la propriété de logements sociaux et le développement de l'offre foncière et fixant la liste des charges récupérables)

I. - Ascenseurs et monte-charge.

1. Dépenses d'électricité.

2. Dépenses d'exploitation, d'entretien courant, de menues réparations :

a) Exploitation :

- visite périodique, nettoyage et graissage des organes mécaniques ;
- examen semestriel des câbles et vérification annuelle des parachutes ;
- nettoyage annuel de la cuvette, du dessus de la cabine et de la machinerie ;
- dépannage ne nécessitant pas de réparations ou fournitures de pièces ;
- tenue d'un dossier par l'entreprise d'entretien mentionnant les visites techniques, incidents et faits importants touchant l'appareil.

b) Fournitures relatives à des produits ou à du petit matériel d'entretien (chiffons, graisses et huiles nécessaires) et aux lampes d'éclairage de la cabine.

c) Menues réparations :

- de la cabine (boutons d'envoi, paumelles de portes, contacts de portes, ferme-portes automatiques, coulisseaux de cabine, dispositif de sécurité de seuil et cellule photo-électrique) ;
- des paliers (ferme-portes mécaniques, électriques ou pneumatiques, serrures électromécaniques, contacts de porte et boutons d'appel) ;
- des balais du moteur et fusibles.

II. - Eau froide, eau chaude et chauffage collectif des locaux privatifs et des parties communes.

1. Dépenses relatives :

A l'eau froide et chaude des locataires ou occupants du bâtiment ou de l'ensemble des bâtiments d'habitation concernés ;
A l'eau nécessaire à l'entretien courant des parties communes du ou desdits bâtiments, y compris la station d'épuration ;
A l'eau nécessaire à l'entretien courant des espaces extérieurs ;
Les dépenses relatives à la consommation d'eau incluent l'ensemble des taxes et redevances ainsi que les sommes dues au titre de la redevance d'assainissement, à l'exclusion de celles auxquelles le propriétaire est astreint en application de l'article L. 35-5 du code de la santé publique ;
Aux produits nécessaires à l'exploitation, à l'entretien et au traitement de l'eau ;
A l'électricité ;
Au combustible ou à la fourniture d'énergie, quelle que soit sa nature.

2. Dépenses d'exploitation, d'entretien courant et de menues réparations :

a) Exploitation et entretien courant :

- nettoyage des gicleurs, électrodes, filtres et clapets des brûleurs ;
- entretien courant et graissage des pompes de relais, jauges, contrôleurs de niveau ainsi que des groupes moto-pompes et pompes de puisards ;
- graissage des vannes et robinets et réfection des presse-étoupes ;
- remplacement des ampoules des voyants lumineux et ampoules de chaufferie ;
- entretien et réglage des appareils de régulation automatique et de leurs annexes ;
- vérification et entretien des régulateurs de tirage ;
- réglage des vannes, robinets et tés ne comprenant pas l'équilibrage ;
- purge des points de chauffage ;
- frais de contrôles de combustion ;
- entretien des épurateurs de fumée ;
- opérations de mise en repos en fin de saison de chauffage, rinçage des corps de chauffe et tuyauteries, nettoyage de chaufferies, y compris leurs puisards et siphons, ramonage des chaudières, carneaux et cheminées ;
- conduite de chauffage ;
- frais de location d'entretien et de relevé des compteurs généraux et individuels ;
- entretien de l'adoucisseur, du détartreur d'eau, du surpresseur et du détendeur ;
- contrôles périodiques visant à éviter les fuites de fluide frigorigène des pompes à chaleur ;
- vérification, nettoyage et graissage des organes des pompes à chaleur ;
- nettoyage périodique de la face extérieure des capteurs solaires ;
- vérification, nettoyage et graissage des organes des capteurs solaires.

b) Menues réparations dans les parties communes ou sur des éléments d'usage commun :

- réparation de fuites sur raccords et joints ;
- remplacement des joints, clapets et presse-étoupes ;
- rodage des sièges de clapets ;
- menues réparations visant à remédier aux fuites de fluide frigorigène des pompes à chaleur ;
- recharge en fluide frigorigène des pompes à chaleur.

III. - Installations individuelles.

Chauffage et production d'eau chaude, distribution d'eau dans les parties privatives :

1. Dépenses d'alimentation commune de combustible ;

2. Exploitation et entretien courant, menues réparations :

a) Exploitation et entretien courant :

- réglage de débit et température de l'eau chaude sanitaire ;
- vérification et réglage des appareils de commande, d'asservissement, de sécurité d'aquastat et de pompe ;
- dépannage ;
- contrôle des raccordements et de l'alimentation des chauffe-eau électriques, contrôle de l'intensité absorbée ;
- vérification de l'état des résistances, des thermostats, nettoyage ;
- réglage des thermostats et contrôle de la température d'eau ;
- contrôle et réfection d'étanchéité des raccordements eau froide - eau chaude ;
- contrôle des groupes de sécurité ;
- rodage des sièges de clapets des robinets ;
- réglage des mécanismes de chasses d'eau.

b) Menues réparations :

- remplacement des bilames, pistons, membranes, boîtes à eau, allumage piézo-électrique, clapets et joints des appareils à gaz ;
- rinçage et nettoyage des corps de chauffe et tuyauteries ;
- remplacement des joints, clapets et presse-étoupes des robinets ;
- remplacement des joints, flotteurs et joints cloches des chasses d'eau.

IV. - Parties communes intérieures au bâtiment ou à l'ensemble des bâtiments d'habitation.

1. Dépenses relatives :

A l'électricité ;
Aux fournitures consommables, notamment produits d'entretien, balais et petit matériel assimilé nécessaires à l'entretien de propreté, sel.

2. Exploitation et entretien courant, menues réparations :

a) Entretien de la minuterie, pose, dépose et entretien des tapis ;

b) Menues réparations des appareils d'entretien de propreté tels qu'aspirateur.

3. Entretien de propreté (frais de personnel).

V. - Espaces extérieurs au bâtiment ou à l'ensemble de bâtiments d'habitation (voies de circulation, aires de stationnement, abords et espaces verts, aires et équipements de jeux).

1. Dépenses relatives :

A l'électricité ;
A l'essence et huile ;
Aux fournitures consommables utilisées dans l'entretien courant :
ampoules ou tubes d'éclairage, engrais, produits bactéricides et insecticides, produits tels que graines, fleurs, plants, plantes de remplacement, à l'exclusion de celles utilisées pour la réfection de massifs, plates-bandes ou haies.

2. Exploitation et entretien courant :

a) Opérations de coupe, désherbage, sarclage, ratissage, nettoyage et arrosage concernant :
- les allées, aires de stationnement et abords ;
- les espaces verts (pelouses, massifs, arbustes, haies vives, plates-bandes) ;
- les aires de jeux ;
- les bassins, fontaines, caniveaux, canalisations d'évacuation des eaux pluviales ;
- entretien du matériel horticole ;
- remplacement du sable des bacs et du petit matériel de jeux.

b) Peinture et menues réparations des bancs de jardins et des équipements de jeux et grillages.

VI. - Hygiène.

1. Dépenses de fournitures consommables :

Sacs en plastique et en papier nécessaires à l'élimination des rejets ;
Produits relatifs à la désinsectisation et à la désinfection, y compris des colonnes sèches de vide-ordures.

2. Exploitation et entretien courant :

Entretien et vidange des fosses d'aisances ;
Entretien des appareils de conditionnement des ordures.

3**. Elimination des rejets (frais de personnel).**

VII. - Equipements divers du bâtiment ou de l'ensemble de bâtiments d'habitation.

1. La fourniture d'énergie nécessaire à la ventilation mécanique.

2. Exploitation et entretien courant :

Ramonage des conduits de ventilation ;
Entretien de la ventilation mécanique ;
Entretien des dispositifs d'ouverture automatique ou codée et des interphones ;
Visites périodiques à l'exception des contrôles réglementaires de sécurité, nettoyage et graissage de l'appareillage fixe de manutention des nacelles de nettoyage des façades vitrées.

3. Divers :

Abonnement des postes de téléphone à la disposition des locataires.

VIII. - Impositions et redevances.

Droit de bail.
Taxe ou redevance d'enlèvement des ordures ménagères.
Taxe de balayage.

Annexe : Liste des réparations locatives :

(Décret n°87-712 du 26 Août 1987 pris en application de l'article 7 de la loi n°86-1290 du 23 décembre 1986 tendant à favoriser l'investissement locatif, l'accession à la propriété de logements sociaux et le développement de l'offre foncière et relatif aux réparations locatives)

I. - Parties extérieures dont le locataire a l'usage exclusif.

a) Jardins privatifs :
Entretien courant, notamment des allées, pelouses, massifs, bassins et piscines ; taille, élagage, échenillage des arbres et arbustes ;
Remplacement des arbustes ; réparation et remplacement des installations mobiles d'arrosage.

b) Auvents, terrasses et marquises :
Enlèvement de la mousse et des autres végétaux.

c) Descentes d'eaux pluviales, chéneaux et gouttières :
Dégorgement des conduits.

II. - Ouvertures intérieures et extérieures.

a) Sections ouvrantes telles que portes et fenêtres :
Graissage des gonds, paumelles et charnières ;
Menues réparations des boutons et poignées de portes, des gonds, crémones et espagnolettes ; remplacement notamment de boulons, clavettes et targettes.

b) Vitrages :
Réfection des mastics ;
Remplacement des vitres détériorées.

c) Dispositifs d'occultation de la lumière tels que stores et jalousies :
Graissage ;
Remplacement notamment de cordes, poulies ou de quelques lames.

d) Serrures et verrous de sécurité :
Graissage ;
Remplacement de petites pièces ainsi que des clés égarées ou détériorées.

e) Grilles :
Nettoyage et graissage ;
Remplacement notamment de boulons, clavettes, targettes.

III. - Parties intérieures.

a) Plafonds, murs intérieurs et cloisons :
Maintien en état de propreté ;
Menus raccords de peintures et tapisseries ; remise en place ou remplacement de quelques éléments des matériaux de revêtement tels que faïence, mosaïque, matière plastique ; rebouchage des trous rendu assimilable à une réparation par le nombre, la dimension et l'emplacement de ceux-ci.

b) Parquets, moquettes et autres revêtements de sol :
Encaustiquage et entretien courant de la vitrification ;
Remplacement de quelques lames de parquets et remise en état, pose de raccords de moquettes et autres revêtements de sol, notamment en cas de taches et de trous.

c) Placards et menuiseries telles que plinthes, baguettes et moulures :
Remplacement des tablettes et tasseaux de placard et réparation de leur dispositif de fermeture ; fixation de raccords et remplacement de pointes de menuiseries.

IV. - Installations de plomberie.

a) Canalisations d'eau :
Dégorgement :
Remplacement notamment de joints et de colliers.

b) Canalisations de gaz :
Entretien courant des robinets, siphons et ouvertures d'aération ;
Remplacement périodique des tuyaux souples de raccordement.

c) Fosses septiques, puisards et fosses d'aisance :
Vidange.

d) Chauffage, production d'eau chaude et robinetterie :
Remplacement des bilames, pistons, membranes, boîtes à eau, allumage piézo-électrique, clapets et joints des appareils à gaz ;
Rinçage et nettoyage des corps de chauffe et tuyauteries ;
Remplacement des joints, clapets et presse-étoupes des robinets ;
Remplacement des joints, flotteurs et joints cloches des chasses d'eau.

e) Eviers et appareils sanitaires :
Nettoyage des dépôts de calcaire, remplacement des tuyaux flexibles de douches.

V. - Equipements d'installations d'électricité.

Remplacement des interrupteurs, prises de courant, coupe-circuits et fusibles, des ampoules, tubes lumineux ; réparation ou remplacement des baguettes ou gaines de protection.

VI. - Autres équipements mentionnés au contrat de location.

a) Entretien courant et menues réparations des appareils tels que réfrigérateurs, machines à laver le linge et la vaisselle, sèche-linge, hottes aspirantes, adoucisseurs, capteurs solaires, pompes à chaleur, appareils de conditionnement d'air, antennes individuelles de radiodiffusion et de télévision, meubles scellés, cheminées, glaces et miroirs ;

b) Menues réparations nécessitées par la dépose des bourrelets ;

c) Graissage et remplacement des joints des vidoirs ;

d) Ramonage des conduits d'évacuation des fumées et des gaz et conduits de ventilation.

INFORMATIONS UTILES concernant la résiliation du bail :

Notification de congé par le locataire :

Le locataire **peut donner congé à tout moment** :

- ✓ Par lettre recommandée avec accusé de réception
- ✓ Par acte d'huissier
- ✓ En remettant la notification en main propre contre émargement ou récépissé.

Après réception par le propriétaire de la lettre de congé du locataire, ce dernier **ne peut plus revenir sur sa décision**, sauf consentement du bailleur.

Le Courrier de congé adressé au propriétaire doit préciser la **date de prise d'effet du congé** (qui ne peut intervenir, sauf accord du bailleur, avant l'expiration du délai de préavis)

Calcul du délai de préavis :

Le délai de préavis commence à partir du jour :

- ✓ De **réception de la lettre recommandée**
  Si la lettre n'a pas été remise au bailleur absent et a été renvoyée à l'expéditeur, la notification n'est pas valable.
  Si la lettre parvient au bailleur en retard ou lui est remise en retard, la date de résiliation du bail est repoussée d'autant.
- ✓ De la **signification de l'acte d'huissier**
- ✓ De la **remise en main propre**

Le délai de préavis **se calcule de date à date :**

- ✓ Ainsi dans le cas d'un préavis d'un mois, une lettre de congé reçue par le propriétaire le 5 septembre fait courir un préavis d'1 mois jusqu'au 5 octobre à minuit *(et non jusqu'au 30 octobre)*.
- ✓ À défaut de chiffres identiques, il s'agit du dernier jour de ce mois :
  un délai d'1 mois partant du 30 janvier expire le 28 février, ou le 29 pour les années bissextiles.

Conséquences du préavis sur le paiement du loyer :

- ✓ Le locataire **doit verser les loyers et charges locatives durant toute la période du préavis** (même s'il ne l'occupe plus, y compris si les clés ont été rendues au propriétaire et même dans le cas où celui-ci y effectue des travaux), **sauf si le logement est occupé par un nouveau locataire**, en accord avec le propriétaire
- ✓ Le locataire n'a **pas le droit de déduire de ses derniers loyers le montant du dépôt de garantie** (c'est-à-dire ne pas payer ses derniers mois de loyer en prétextant que le dépôt de garantie compensera ces sommes)

LETTRE DE RÉSILIATION DE BAIL :

(réservé au locataire)

A découper et à envoyer en recommandé avec accusé de réception

PRÉAVIS :

Identité du Locataire :

Nom, Prénom : ______________________

Adresse :______________________________

____

Identité du Bailleur :

Nom, Prénom : ______________________

Adresse :______________________________

____

Date d'envoi de la lettre avec accusé de réception : ___ / ___ / ________

Nom : .... Prénom .... *(locataire du logement)*

Adresse du logement : ....

....

Locataire depuis le .... / ....…. / .... *(date de signature du bail)* donne congé le

.... / .... / .... Conformément à l'article 15 de la loi n°89-462 du 6 Juillet 1989.

Délai de préavis :

☐ 1 mois

☐ Autre : ....

Je me tiens à votre disposition pour convenir d'un RDV afin d'établir l'état des lieux de sortie.

Mail (facultatif) : .... N° de tel (facultatif) : ....

Veuillez agrée, Madame, Monsieur, l'expression de mes sentiments distingués.

Le .... / .... / .... A ....

Signature

Memento Fiscal du bailleur : (Du livre *« Comment investir en immobilier locatif »* de Daniel VU)

En Nom Propre					**En Société**				
Revenus Foncier [Condition : **location nue**]		**Revenus BIC** [Condition : **location meublée**]			SCI (IR ou IS)		SAS (IS)	SARL (IR ou IS)	
Micro-Foncier	Foncier Réel	Micro-BIC	BIC Réel Simplifié	BIC Réel Normal	IR	IS	IS	IS	IR
Loyers HC < 15.000€/an	Sans plafond	Loyers CC < 72.500€/an	Loyers CC <247.000€/an	Loyers CC >247.000€/an	Location nue (10% max de revenus meublés)	Location nue et/ou meublée			Location meublée uniquement
Non soumis à la taxe CFE		*Soumis à la Taxe CFE*			Non soumis à la taxe CFE *(Si recettes brutes inférieures à 100.000€/an)*	*Soumis à la Taxe CFE (sauf location nue avec recettes <100.000€)* **+ Soumis à la CRL**			*Soumis à la Taxe CFE*
Abattement de 30%	Charges réelles *(liste limitative très restreinte)*	Abattement 50% *(71% pour les chambres d hôtes et meublés de tourisme classés)*	Déduction de nombreuses charges et amortissements *(Dont un amortissement du bien en lui-même en composants)*			Déduction de nombreuses charges et amortissements *(Dont un amortissement du bien en lui-même)*			**Uniquement pour les SARL familiales** (ou pdt 5 ans max. pour les SARL non familiales) **Imposition transparente :** Règles applicables au régime **BIC-réel** Attention : Gérant associé majoritaire est redevable de cotisations sociales SSI.
Imposition du résultat à hauteur de : %TMI + 17,2% de prélèvements sociaux		**LMP ou LMNP** *(LMP si Loyers CC supérieurs à 23.000€ ET supérieurs aux revenus nets imposables d activité)* **LMNP : résultat imposé à** % TMI + 17,2% de prélèvements sociaux **LMP : résultat imposé à** % TMI + 35% de cotisations sociales SSI			**Imposition transparente :** Règles applicables aux régimes **Micro-Foncier** ou **Foncier réel**	**1ère imposition :** **Taux IS de 15%** jusqu à 38.120€ **Puis taux IS 26,5%** au-delà de ce seuil. **2ème imposition :** Sur les dividendes **Au taux PFU de 30%** Ou au **barème IR** de 17,20% + (53,2% x TMI) (Hors associé gérant majoritaire de SARL)			
Plus-value des particuliers		**LMNP :** Plus-value des particuliers **LMP :** Plus-value des professionnels			Plus-value des particuliers	Plus-value des Professionnels			**LMNP :** Plus-value des particuliers **LMP :** Plus-value des professionnels

Dans la même collection :

- ✓ ***« Comment Investir en Immobilier Locatif ? »*** de Daniel VU, GMA Global Media Agency (réglementation, stratégie et optimisation fiscale)
- ✓ ***« Contrat de Location Non-Meublée »*** Dossier complet à signer

Pour toute question ou remarque :

contact@globalmediagency.com

Éditeur : Independently published

Daniel VU

2 BIS rue Anatole France, 92160 ANTONY

ISBN (Version Papier) : 9798701772920

Dépôt légal : Février 2021

Imprimé à la demande par Amazon

Printed in France by Amazon
Brétigny-sur-Orge, FR

18842315R00031